Didier Daeninckx
L'école des colonies

Didier Daeninckx

L'école des colonies

hoëbeke

CHAPITRE 1

Je ne regrette pas d'avoir écourté mes vacances d'une semaine et d'être monté au douar de Tigali en ce début septembre 1945, dès que l'Administration m'a annoncé mon affectation en Kabylie. Sage décision, même si les cinq mois de formation complémentaire à l'école normale de Bouzaréah, dans la banlieue ouest d'Alger, n'ont pas été de tout repos. L'autocar a suivi la nationale 24 qui longe la côte jusqu'à Bougie. Trois heures plus tard, au milieu du parcours, il m'a laissé au pied du mont Tigourn, une masse rocheuse qui jette son ombre sur une vallée où le maquis et les forêts clairsemées enserrent de maigres parcelles cultivées parsemées de cailloux. Personne ne m'attendait, et j'ai dû traîner la caisse qui renferme tous les secrets de ma vie sur plus de deux kilomètres de piste montante, poussiéreuse et surchauffée. Quelques chiens efflanqués ont ébruité ma présence sans que la moindre silhouette n'apparaisse. L'un d'eux est venu me renifler, puis s'est éloigné. Une femme s'apprêtait à traverser le chemin alors que j'approchais des premières maisons. À ma vue, elle a plaqué ses mains sur son visage avant de s'enfuir derrière les murs de torchis supportant des toits de médiocre chaume. J'ai fini par tomber sur le cantonnier, un indigène qui fait également office de garde champêtre. Il doit certainement son emploi à sa bravoure pendant la Grande Guerre comme semble l'indiquer la médaille du combattant épinglée à sa veste. Il parle une langue que je ne connais pas, mais possède assez de français pour comprendre que je suis le nouvel instituteur. Il me salue à plusieurs reprises puis soulève ma caisse, malgré mes dénégations, pour la caler sur son épaule. Je le suis, les bras ballants. L'école se trouve à moins de cent mètres, une petite maison flanquée d'une sorte de hangar sur lequel flotte le drapeau tricolore, le tout posé sur une terrasse qui doit servir de cour de récréation et que prolongent un potager en friche et un verger. Mon logement se compose d'une chambre et d'une cuisine dans un état de saleté repoussant. Mon prédécesseur n'est pourtant parti que depuis deux mois. La salle de classe, des cloisons en parpaings recouvertes de tôle ondulée, abrite

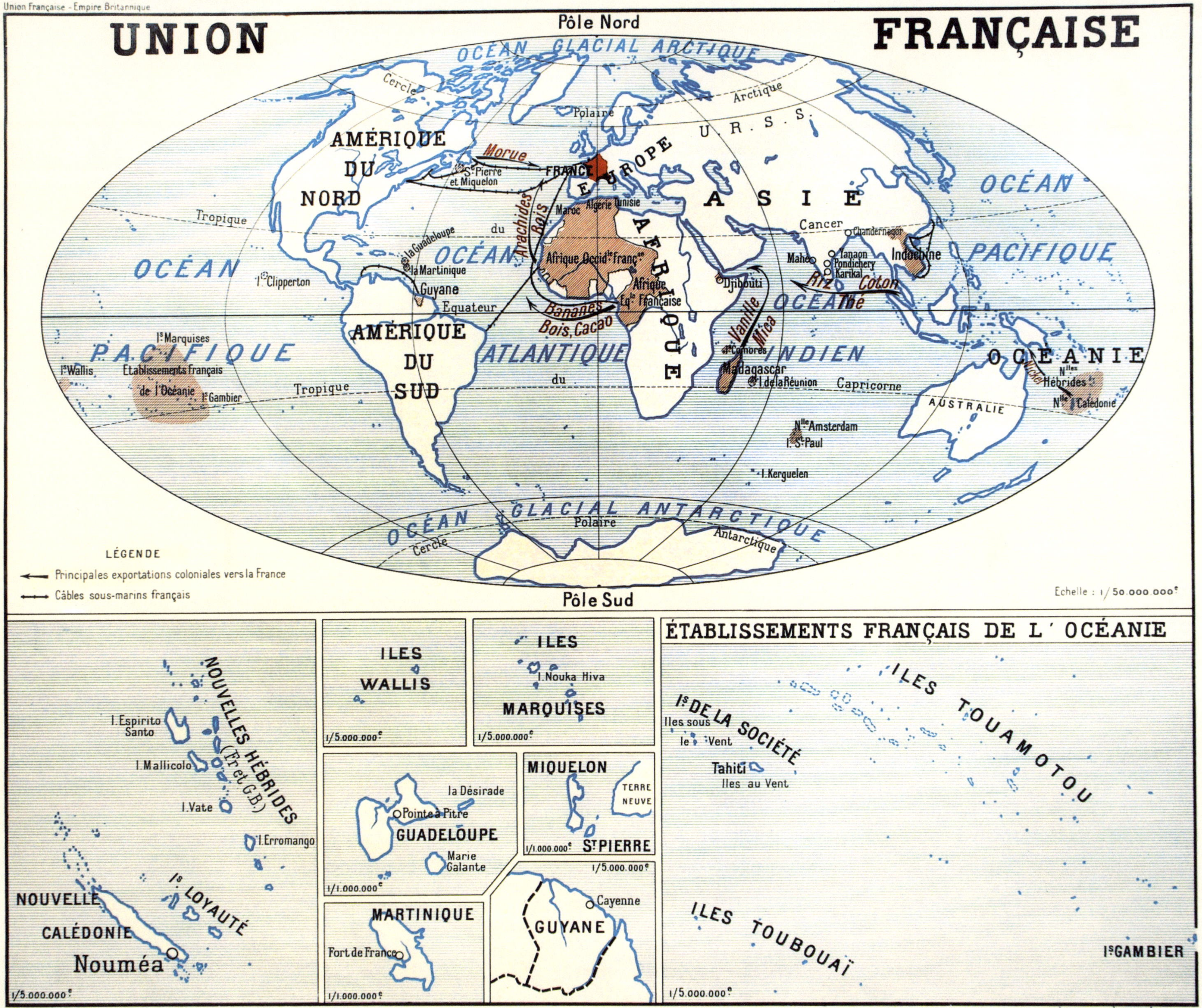
UNION FRANÇAISE
Pôle Nord
OCÉAN GLACIAL ARCTIQUE
Cercle Polaire Arctique
U. R. S. S.
AMÉRIQUE DU NORD
Morue
FRANCE
St Pierre et Miquelon
EUROPE
ASIE
AFRIQUE
Maroc
Algérie
Tunisie
Tropique du Cancer
Arachides
Bois
la Guadeloupe
la Martinique
Guyane
OCÉAN ATLANTIQUE
Afrique Occidle Franç.se
Afrique Eqle Française
Bananes
Bois, Cacao
Equateur
Djibouti
Chandernagor
Yanaon
Pondichery
Karikal
Mahé
Indochine
Riz
Coton
Thé
OCÉAN INDIEN
Vanille
Mica
Comores
Madagascar
I. de la Réunion
Capricorne
OCÉAN PACIFIQUE
OCÉAN PACIFIQUE
I. Clipperton
Is Marquises
Is Wallis
Etablissements français de l'Océanie
I. Gambier
Tropique du Capricorne
AMÉRIQUE DU SUD
OCÉANIE
Nickel
Nlles Hébrides
Nlle Calédonie
AUSTRALIE
Nlle Amsterdam
I. St Paul
I. Kerguelen
OCÉAN GLACIAL ANTARCTIQUE
Cercle Polaire Antarctique
Pôle Sud
LÉGENDE
Principales exportations coloniales vers la France
Câbles sous-marins français
Echelle : 1/50.000.000e
NOUVELLES HÉBRIDES (Fr. et G.B.)
I. Espirito Santo
I. Mallicolo
I. Vate
I. Erromango
Is LOYAUTÉ
NOUVELLE CALÉDONIE
Nouméa
1/5.000.000e
ILES WALLIS
1/5.000.000e
ILES MARQUISES
I. Nouka Hiva
1/5.000.000e
GUADELOUPE
la Désirade
Pointe à Pitre
Marie Galante
1/1.000.000e
MIQUELON
TERRE NEUVE
St PIERRE
1/1.000.000e
1/5.000.000e
MARTINIQUE
Fort de France
1/1.000.000e
GUYANE
Cayenne
ÉTABLISSEMENTS FRANÇAIS DE L'OCÉANIE
Is DE LA SOCIÉTÉ
Iles sous le Vent
Tahiti
Iles au Vent
ILES TOUAMOTOU
ILES TOUBOUAÏ
Is GAMBIER
1/5.000.000e

5

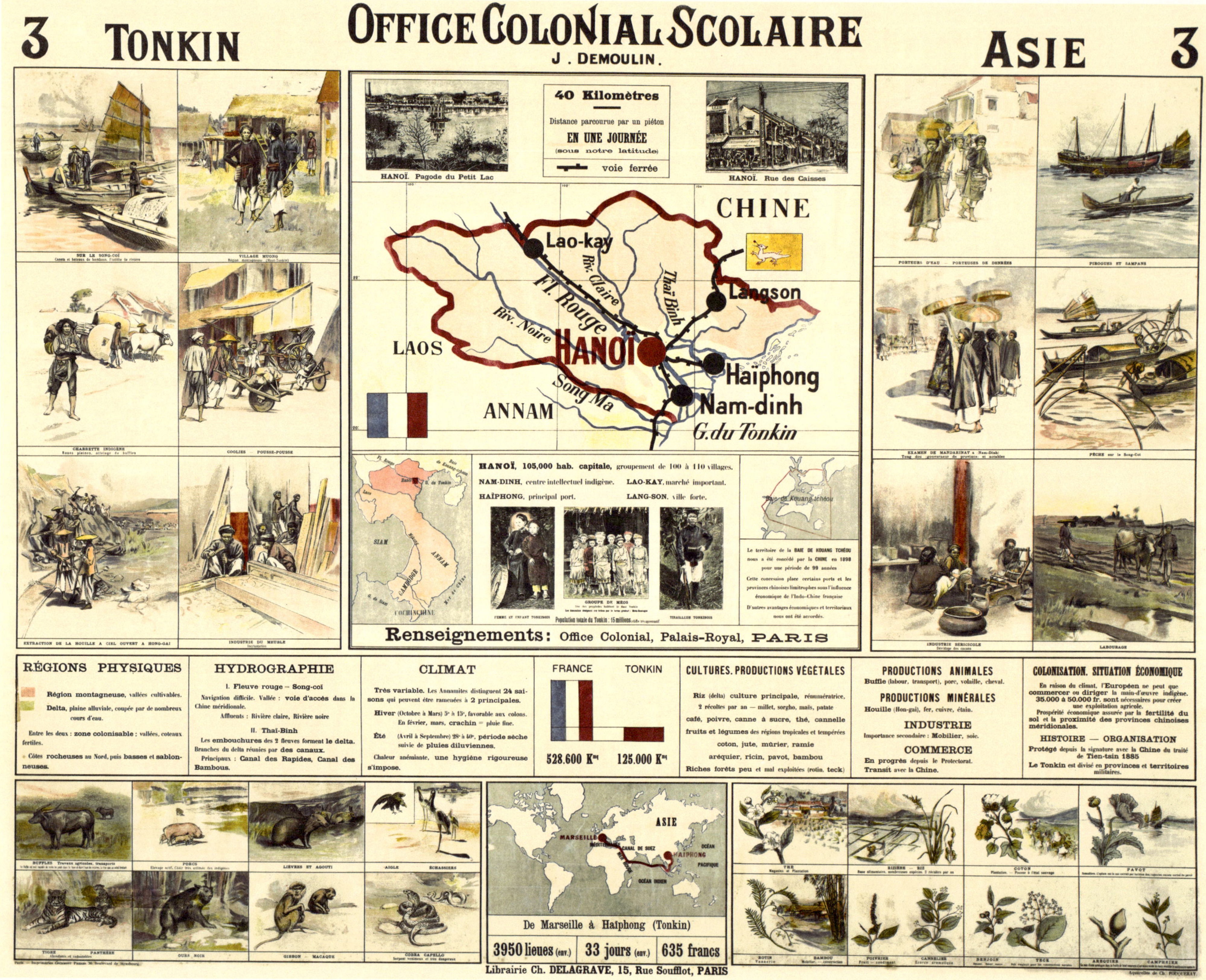
3 TONKIN
OFFICE COLONIAL SCOLAIRE
J. DEMOULIN.
ASIE 3
SUR LE SONG-COÏ
VILLAGE MUONG
CHARRETTE INDIGÈNE
COOLIES — POUSSE-POUSSE
EXTRACTION DE LA HOUILLE A CIEL OUVERT A HONG-GAI
INDUSTRIE DU MEUBLE
Incrustation
HANOÏ. Pagode du Petit Lac
40 Kilomètres
Distance parcourue par un piéton
EN UNE JOURNÉE
(sous notre latitude)
voie ferrée
HANOÏ. Rue des Caisses
CHINE
Lao-kay
Riv. Claire
Fl. Rouge
Thaï Binh
Langson
Riv. Noire
LAOS
HANOÏ
Haïphong
Song Ma
ANNAM
Nam-dinh
G. du Tonkin
SIAM
ANNAM
CAMBODGE
COCHINCHINE
HANOÏ, 105,000 hab. capitale, groupement de 100 à 110 villages.
NAM-DINH, centre intellectuel indigène.
LAO-KAY, marché important.
HAÏPHONG, principal port.
LANG-SON, ville forte.
FEMME ET ENFANT TONKINOIS
GROUPE DE MÉOS
TIRAILLEUR TONKINOIS
Population totale du Tonkin : 15 millions
Baie de Kouang-tchéou
Le territoire de la BAIE DE KOUANG TCHÉOU nous a été concédé par la CHINE en 1898 pour une période de 99 années
Cette concession place certains ports et les provinces chinoises limitrophes sous l'influence économique de l'Indo-Chine française
D'autres avantages économiques et territoriaux nous ont été accordés.
Renseignements: Office Colonial, Palais-Royal, PARIS
PORTEURS D'EAU — PORTEUSES DE DENRÉES
PIROGUES ET SAMPANS
PÊCHE sur le Song-Coï
INDUSTRIE SÉRICICOLE
Dévidage des cocons
LABOURAGE
RÉGIONS PHYSIQUES
Région montagneuse, vallées cultivables.
Delta, plaine alluviale, coupée par de nombreux cours d'eau.
Entre les deux : zone colonisable : vallées, coteaux fertiles.
Côtes rocheuses au Nord, puis basses et sablonneuses.
HYDROGRAPHIE
I. Fleuve rouge = Song-coï
Navigation difficile. Vallée : voie d'accès dans la Chine méridionale.
Affluents : Rivière claire, Rivière noire
II. Thaï-Binh
Les embouchures des 2 fleuves forment le delta.
Branches du delta réunies par des canaux.
Principaux : Canal des Rapides, Canal des Bambous.
CLIMAT
Très variable. Les Annamites distinguent 24 saisons qui peuvent être ramenées à 2 principales.
Hiver (Octobre à Mars) 5° à 15°, favorable aux colons. En février, mars, crachin = pluie fine.
Été (Avril à Septembre) 28° à 40°, période sèche suivie de pluies diluviennes.
Chaleur anémiante, une hygiène rigoureuse s'impose.
FRANCE
TONKIN
528.600 Kmq
125.000 Kmq
CULTURES. PRODUCTIONS VÉGÉTALES
Riz (delta) culture principale, rénumératrice, 2 récoltes par an — millet, sorgho, maïs, patate
café, poivre, canne à sucre, thé, cannelle
fruits et légumes des régions tropicales et tempérées
coton, jute, mûrier, ramie
aréquier, ricin, pavot, bambou
Riches forêts peu et mal exploitées (rotin, teck)
PRODUCTIONS ANIMALES
Buffle (labour, transport), porc, volaille, cheval.
PRODUCTIONS MINÉRALES
Houille (Hon-gai), fer, cuivre, étain.
INDUSTRIE
Importance secondaire : Mobilier, soie.
COMMERCE
En progrès depuis le Protectorat.
Transit avec la Chine.
COLONISATION. SITUATION ÉCONOMIQUE
En raison du climat, l'Européen ne peut que commercer ou diriger la main-d'œuvre indigène.
35.000 à 50.000 fr. sont nécessaires pour créer une exploitation agricole.
Prospérité économique assurée par la fertilité du sol et la proximité des provinces chinoises méridionales.
HISTOIRE — ORGANISATION
Protégé depuis la signature avec la Chine du traité de Tien-tsin 1885
Le Tonkin est divisé en provinces et territoires militaires.
BUFFLES Travaux agricoles, transports
PORCS
LIÈVRES ET AGOUTI
AIGLE
ÉCHASSIERS
TIGRE
PANTHÈRE
OURS NOIR
GIBBON — MACAQUE
COBRA CAPELLO
ASIE
MARSEILLE
CANAL DE SUEZ
HAÏPHONG
OCÉAN INDIEN
OCÉAN PACIFIQUE
De Marseille à Haïphong (Tonkin)
3950 lieues (env.)
33 jours (env.)
635 francs
THÉ
RIZIÈRE — RIZ
COTON
PAVOT
ROTIN
BAMBOU
POIVRIER
CANNELIER
BENJOIN
TECK
ARÉQUIER
CAMPHRIER
Librairie Ch. DELAGRAVE, 15, Rue Soufflot, PARIS

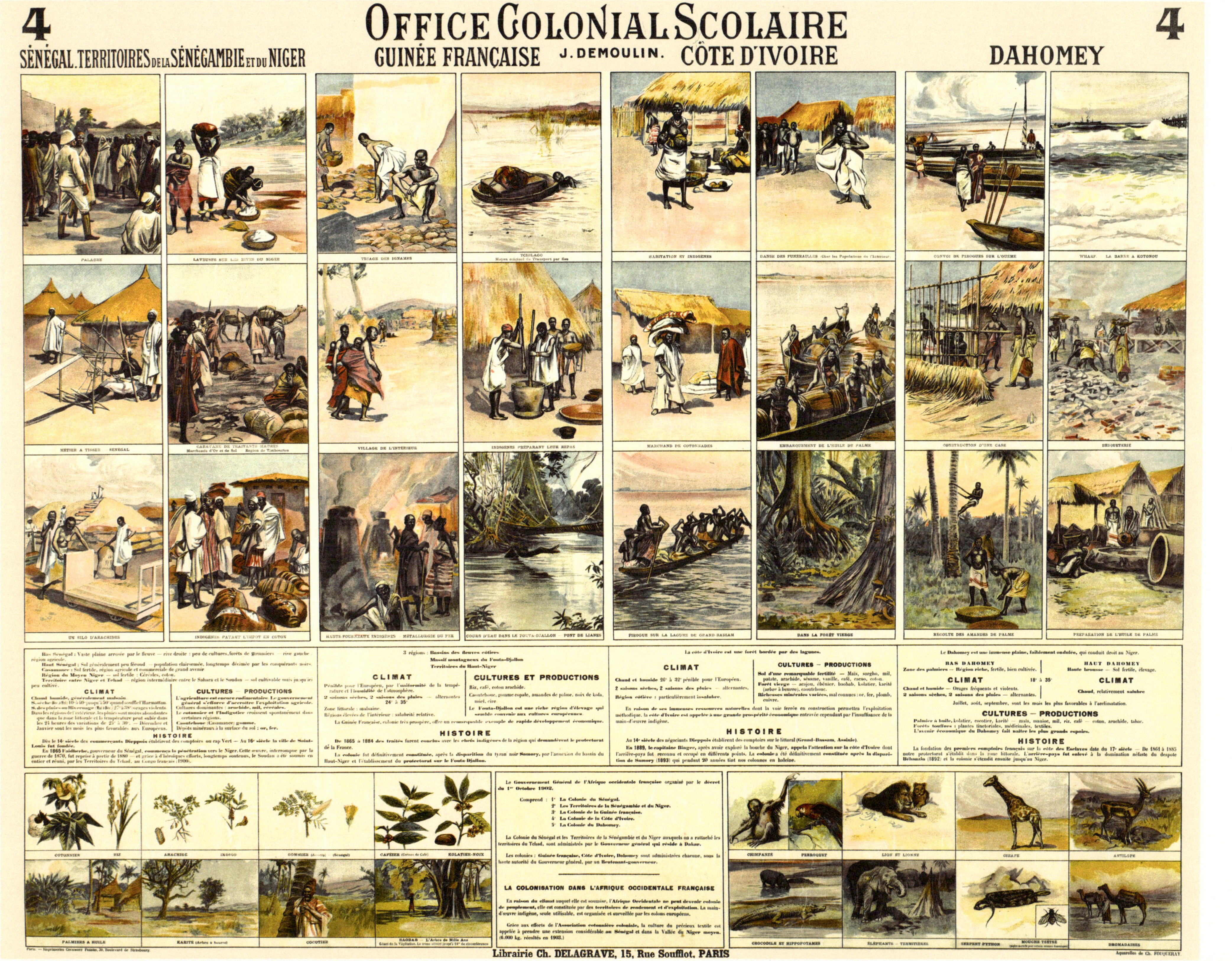
4
OFFICE COLONIAL SCOLAIRE
4
SÉNÉGAL. TERRITOIRES DE LA SÉNÉGAMBIE ET DU NIGER
GUINÉE FRANÇAISE
J. DEMOULIN.
CÔTE D'IVOIRE
DAHOMEY
PALABRE
LAVEUSES SUR LES RIVES DU NIGER
TRIAGE DES IGNAMES
TCHILAGO
Moyen original de Transport par Eau
HABITATION ET INDIGÈNES
DANSE DES FUNÉRAILLES (Chez les Populations de l'Intérieur)
CONVOI DE PIROGUES SUR L'OUÉME
WHARF. LA BARRE A KOTONOU
MÉTIER A TISSER — SÉNÉGAL
CARAVANE DE TRAITANTS MAURES
Marchands d'Or et de Sel — Région de Timbouctou
VILLAGE DE L'INTÉRIEUR
INDIGÈNES PRÉPARANT LEUR REPAS
MARCHAND DE COTONNADES
EMBARQUEMENT DE L'HUILE DE PALME
CONSTRUCTION D'UNE CASE
BRIQUETERIE
UN SILO D'ARACHIDES
INDIGÈNES PAYANT L'IMPOT EN COTON
HAUTS-FOURNEAUX INDIGÈNES — MÉTALLURGIE DU FER
COURS D'EAU DANS LE FOUTA-DJALLON — PONT DE LIANES
PIROGUE SUR LA LAGUNE DE GRAND-BASSAM
DANS LA FORÊT VIERGE
RÉCOLTE DES AMANDES DE PALME
PRÉPARATION DE L'HUILE DE PALME
Bas Sénégal : Vaste plaine arrosée par le fleuve — rive droite : peu de cultures, forêts de gommiers — rive gauche : région agricole.
Haut Sénégal : Sol généralement peu fécond — population clairsemée, longtemps décimée par les conquérants noirs.
Casamance : Sol fertile, région agricole et commerciale de grand avenir.
Région du Moyen Niger — sol fertile : Céréales, coton.
Territoire entre Niger et Tchad — région intermédiaire entre le Sahara et le Soudan — sol cultivable mais jusqu'ici peu cultivé.
CLIMAT
Chaud humide, généralement malsain.
S. sèche (Oct. à Mai) 10° à 40° jusqu'à 50° quand souffle l'Harmattan.
S. des pluies ou Hivernage (Mai à Oct.) 27° à 38° orages violents.
Dans les régions de l'intérieur, les pluies sont moins abondantes que dans la zone littorale et la température peut subir dans les 24 heures des variations de 25° à 30°. — Décembre et Janvier sont les mois les plus favorables aux Européens.
CULTURES — PRODUCTIONS
L'agriculture est encore rudimentaire. Le gouvernement général s'efforce d'accroître l'exploitation agricole.
Cultures dominantes : arachide, mil, céréales.
Le cotonnier et l'Indigotier croissent spontanément dans certaines régions.
Caoutchouc (Casamance) gomme.
Dépôts minéraux à la surface du sol : or, fer.
HISTOIRE
Dès le 14e siècle des commerçants Dieppois établirent des comptoirs au cap Vert — Au 16e siècle la ville de Saint-Louis fut fondée.
En 1865 Faidherbe, gouverneur du Sénégal, commença la pénétration vers le Niger. Cette œuvre, interrompue par la guerre de 1870, fut reprise à partir de 1880 — et grâce à d'héroïques efforts, longtemps soutenus, le Soudan a été soumis en entier et réuni, par les Territoires du Tchad, au Congo français (1900).
3 régions : Bassins des fleuves côtiers
Massif montagneux du Fouta-Djallon
Territoires du Haut-Niger
CLIMAT
Pénible pour l'Européen, par l'uniformité de la température et l'humidité de l'atmosphère.
2 saisons sèches, 2 saisons des pluies — alternantes 24° à 35°
Zone littorale : malsaine.
Régions élevées de l'intérieur : salubrité relative.
CULTURES ET PRODUCTIONS
Riz, café, coton arachide.
Caoutchouc, gomme copale, amandes de palme, noix de kola, miel, cire.
Le Fouta-Djallon est une riche région d'élevage qui semble convenir aux cultures européennes.
La Guinée Française, colonie très prospère, offre un remarquable exemple de rapide développement économique.
HISTOIRE
De 1865 à 1884 des traités furent conclus avec les chefs indigènes de la région qui demandèrent le protectorat de la France.
La colonie fut définitivement constituée, après la disparition du tyran noir Samory, par l'annexion du bassin du Haut-Niger et l'établissement du protectorat sur le Fouta-Djallon.
La côte d'Ivoire est une forêt bordée par des lagunes.
CLIMAT
Chaud et humide 26° à 32° pénible pour l'Européen.
2 saisons sèches, 2 saisons des pluies — alternantes.
Région côtière : particulièrement insalubre.
CULTURES — PRODUCTIONS
Sol d'une remarquable fertilité — Maïs, sorgho, mil, patate, arachide, sésame, vanille, café, cacao, coton.
Forêt vierge — acajou, ébénier, baobab, kolatier, karité (arbre à beurre), caoutchouc.
Richesses minérales variées, mal connues : or, fer, plomb, cuivre.
En raison de ses immenses ressources naturelles dont la voie ferrée en construction permettra l'exploitation méthodique, la côte d'Ivoire est appelée à une grande prospérité économique entravée cependant par l'insuffisance de la main-d'œuvre indigène.
HISTOIRE
Au 14e siècle des négociants Dieppois établirent des comptoirs sur le littoral (Grand-Bassam, Assinie).
En 1889, le capitaine Binger, après avoir exploré la bouche du Niger, appela l'attention sur la côte d'Ivoire dont l'arrière-pays fut reconnu et occupé en différents points. La colonie a été définitivement constituée après la disparition de Samory (1893) qui pendant 20 années tint nos colonnes en haleine.
Le Dahomey est une immense plaine, faiblement ondulée, qui conduit droit au Niger.
BAS DAHOMEY
Zone des palmiers — Région riche, fertile, bien cultivée.
HAUT DAHOMEY
Haute brousse — Sol fertile, élevage.
CLIMAT
18° à 35°
Chaud et humide — Orages fréquents et violents.
2 saisons sèches, 2 saisons des pluies — alternantes.
CLIMAT
Chaud, relativement salubre
Juillet, août, septembre, sont les mois les plus favorables à l'acclimatation.
CULTURES — PRODUCTIONS
Palmier à huile, kolatier, cocotier, karité — maïs, manioc, mil, riz, café — coton, arachide, tabac.
Forêts touffues : plantes tinctoriales, médicinales, textiles.
L'avenir économique du Dahomey fait naître les plus grands espoirs.
HISTOIRE
La fondation des premiers comptoirs français sur la côte des Esclaves date du 17e siècle — De 1861 à 1885 notre protectorat s'établit dans la zone littorale. L'arrière-pays fut enlevé à la domination néfaste du despote Béhanzin (1892) et la colonie s'étendit ensuite jusqu'au Niger.
COTONNIER
RIZ
ARACHIDE
INDIGO
GOMMIER (Acacia) — (Sénégal)
CAFÉIER (Cerises de Café)
KOLATIER-NOIX
PALMIERS A HUILE
KARITÉ (Arbre à beurre)
COCOTIER
BAOBAB — L'Arbre de Mille Ans
Géant de la Végétation. Le tronc atteint jusqu'à 24m de circonférence
Le Gouvernement Général de l'Afrique occidentale française organisé par le décret du 1er Octobre 1902.
Comprend : 1° La Colonie du Sénégal.
2° Les Territoires de la Sénégambie et du Niger.
3° La Colonie de la Guinée française.
4° La Colonie de la Côte d'Ivoire.
5° La Colonie du Dahomey.
La Colonie du Sénégal et les Territoires de la Sénégambie et du Niger auxquels on a rattaché les territoires du Tchad, sont administrés par le Gouverneur général qui réside à Dakar.
Les colonies : Guinée française, Côte d'Ivoire, Dahomey sont administrées chacune, sous la haute autorité du Gouverneur général, par un lieutenant-gouverneur.
LA COLONISATION DANS L'AFRIQUE OCCIDENTALE FRANÇAISE
En raison du climat auquel elle est soumise, l'Afrique Occidentale ne peut devenir colonie de peuplement, elle est constituée par des territoires de rendement et d'exploitation. La main-d'œuvre indigène, seule utilisable, est organisée et surveillée par les colons européens.
Grâce aux efforts de l'Association cotonnière coloniale, la culture du précieux textile est appelée à prendre une extension considérable au Sénégal et dans la Vallée du Niger moyen. (6.000 kg. récoltés en 1903.)
CHIMPANZÉ
PERROQUET
LION ET LIONNE
GIRAFE
ANTILOPE
CROCODILE ET HIPPOPOTAMES
ÉLÉPHANTS — TERMITIÈRES
SERPENT PYTHON
MOUCHE TSÉTSÉ
DROMADAIRES
Paris. — Imprimeries Courmont Frères, 30, Boulevard de Strasbourg
Librairie Ch. DELAGRAVE, 15, Rue Soufflot, PARIS
Aquarelles de Ch. FOUQUERAY

une vingtaine de pupitres et une bonne trentaine de chaises disparates que le maître le plus déshérité de métropole aurait mis au rebut ou utilisé en bois de chauffage. En Algérie on appelle ça des « écoles gourbis ». Une poule maigrichonne bat des ailes et parvient à se soulever assez pour passer par la fenêtre. J'occupe les quelques jours qui nous séparent de la rentrée à récurer, à nettoyer, à balayer, à remplacer plusieurs carreaux cassés par du carton. Je me débrouille avec les moyens du bord, c'est-à-dire rien. Le point d'eau est à cinq cents mètres, après la ligne d'amandiers, et je me casse les reins à transporter des seaux. Le soir, je m'éclaire à la lampe à pétrole quand je rassemble assez de courage pour lire ou préparer mes cours. Le fil de mon poste de radio pend dans le vide, inutile : rien ne me manque davantage que la musique et les nouvelles du pays. Impossible de se procurer quoi que ce soit à Tigali qui ne possède aucun commerce ni aucun service, à part l'école. Je me ravitaille en frais au marché paysan de Guelbil qui se tient le mardi et le samedi, à six kilomètres d'ici, sur un champ où se croisent deux routes provinciales. On y trouve des légumes, des fruits, des galettes de pain, des œufs, du fromage, un peu de volaille. Pour tout le reste, il faut redescendre vers la nationale et prendre l'autocar jusqu'à Tigzirt.

Le 17 septembre 1945 au matin, Marcel Thuillier, l'administrateur communal, a fait le déplacement en voiture depuis Tizi-Ouzou pour m'installer dans mes fonctions, assisté par le caïd et le garde champêtre. J'ai préparé du café qu'il boit à petites gorgées tout en me questionnant sur mes premières impressions, mes projets, mes ambitions. Je m'abstiens de parler du délabrement des locaux, de la pénurie de matériel pédagogique, de l'isolement dans lequel je me trouve...

« Je vais m'efforcer de leur apprendre les bases du français, du calcul, de notre histoire... La logique, la réflexion aussi... Faire en sorte de leur apporter des notions précises qui leur seront utiles dans la conduite de leur vie, dans l'exercice de leur future profession... »

« Les sacrifices que la France s'est imposés sont considérables. Mais les résultats lui apportent une large compensation. La prospérité de l'Algérie, celle plus rapide encore de la Tunisie, les indices d'une reconnaissance certaine du Maroc sont des résultats dont la France a le droit d'être fière. »

Six leçons sur l'histoire de l'Afrique du Nord, A. Bassard, 1934

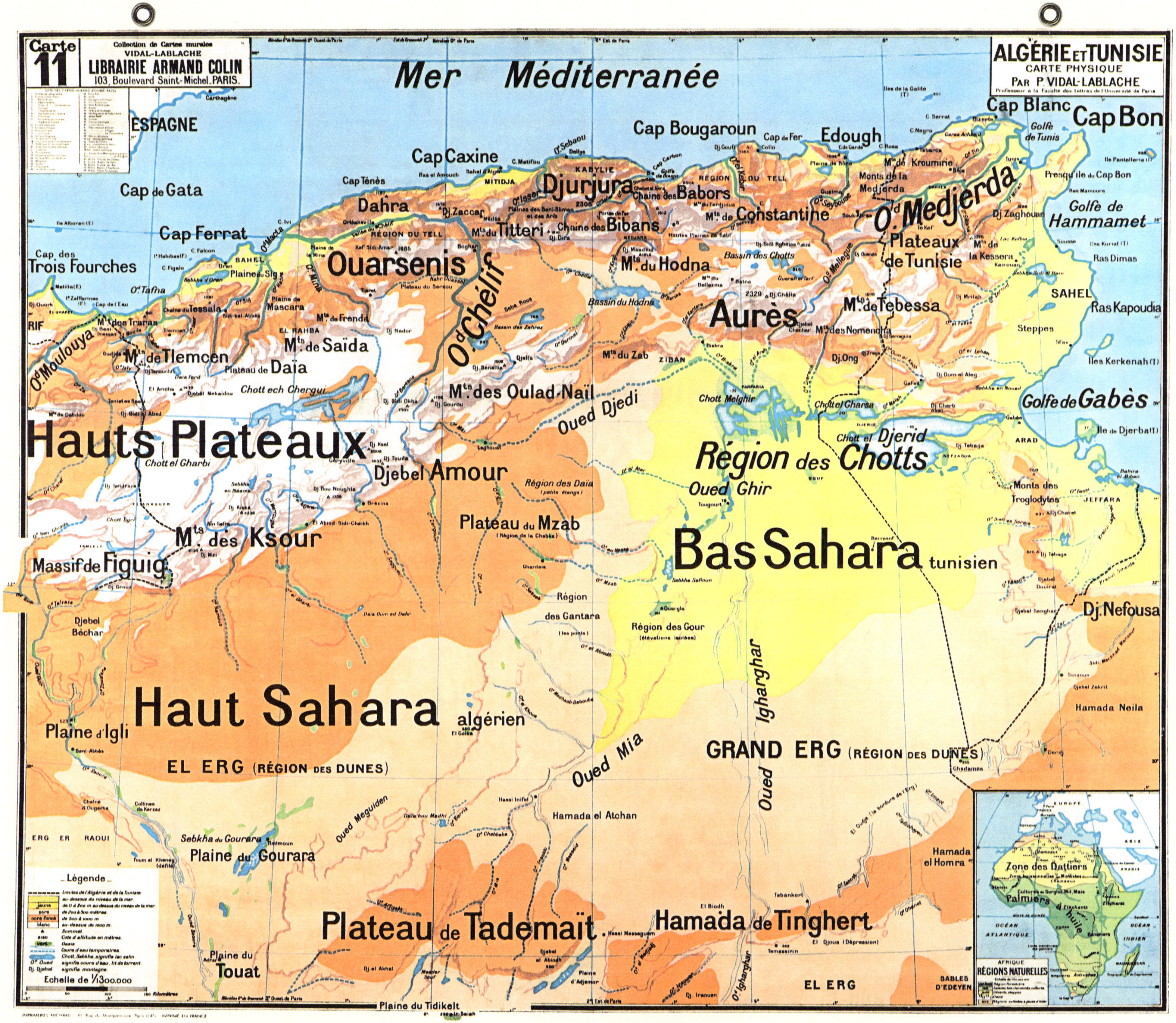
Carte 11
Collection de Cartes murales VIDAL-LABLACHE
LIBRAIRIE ARMAND COLIN
103, Boulevard Saint-Michel, PARIS.
ALGÉRIE ET TUNISIE
CARTE PHYSIQUE
PAR P. VIDAL-LABLACHE
Mer Méditerranée
ESPAGNE
Cap de Gata
Cap Ferrat
Cap des Trois Fourches
RIF
O.d Moulouya
Cap Caxine
Cap Ténès
Dahra
Ouarsenis
Cap Bougaroun
Cap de Fer
Edough
Cap Blanc
Golfe de Tunis
Cap Bon
Presqu'île du Cap Bon
Golfe de Hammamet
Djurjura
Chaîne des Babors
Mts de Constantine
O.d Medjerda
Mts de Kroumirie
Monts de la Medjerda
Plateaux de Tunisie
Mts du Titteri
Chaîne des Bibans
Mts du Hodna
Bassin du Hodna
Aurès
Mts de Tebessa
Mts des Nemencha
SAHEL
Ras Kapoudia
Steppes
Iles Kerkenah
Golfe de Gabès
Ile de Djerba
O.d Chélif
Plaine du Sig
Plaine de Mascara
Mts de Frenda
Mts des Traras
Mts de Tlemcen
Mts de Saïda
Plateau de Daïa
Chott ech Chergui
Mts des Oulad Naïl
Mts du Zab
ZIBAN
Oued Djedi
Chott Melghir
Chott el Gharsa
Chott el Djerid
Hauts Plateaux
Chott el Gharbi
Djebel Amour
Région des Chotts
Oued Ghir
Région des Daïa
Plateau du Mzab
Mts des Ksour
Massif de Figuig
Bas Sahara tunisien
Monts des Troglodytes
Dj. Nefousa
Djebel Béchar
Région des Gantara
Région des Gour
Igharghar
Hamada Neila
Haut Sahara algérien
Plaine d'Igli
EL ERG (RÉGION DES DUNES)
Oued Mia
GRAND ERG (RÉGION DES DUNES)
Oued Igharghar
Hamada el Atchan
Oued Meguiden
ERG ER RAOUI
Sebkha du Gourara
Plaine du Gourara
Hamada el Homra
Plaine du Touat
Plateau de Tademaït
Hamada de Tinghert
EL ERG
SABLES D'EDEYEN
Plaine du Tidikelt
Légende
Echelle de 1/1300.000
AFRIQUE RÉGIONS NATURELLES
Zone des Dattiers
Palmiers à huile

9

« Si les Kabyles et les Arabes écoutent les Français, ils seront heureux, ils seront meilleurs et ils seront regardés comme les enfants de la grande nation française. »

Leçons d'histoire et de civilisation à l'usage des écoles indigènes et françaises, 1893

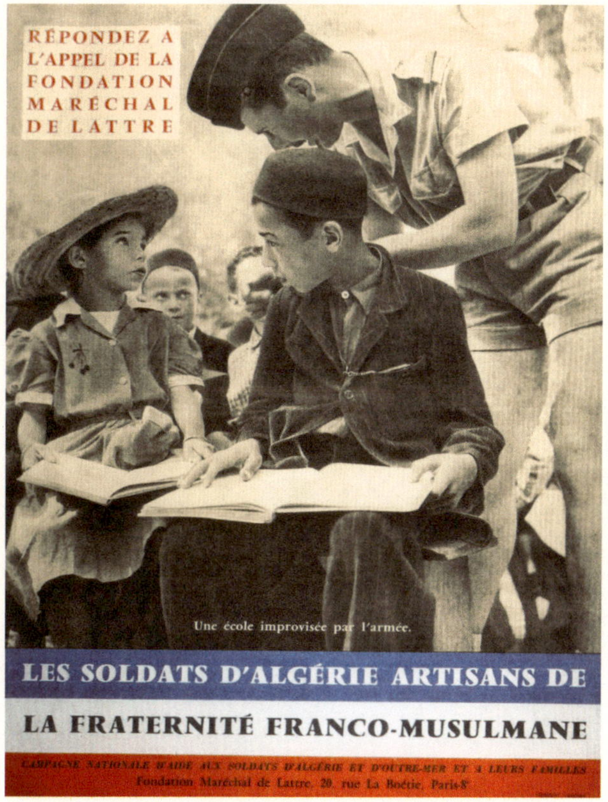
RÉPONDEZ A
L'APPEL DE LA
FONDATION
MARÉCHAL
DE LATTRE
Une école improvisée par l'armée.
LES SOLDATS D'ALGÉRIE ARTISANS DE
LA FRATERNITÉ FRANCO-MUSULMANE
CAMPAGNE NATIONALE D'AIDE AUX SOLDATS D'ALGÉRIE ET D'OUTRE-MER ET À LEURS FAMILLES
Fondation Maréchal de Lattre, 20, rue La Boétie, Paris-8e

livre
ballon
buvard
cerise
crayon
cahier
le serpent
mouton

ATLAS Général VIDAL-LABLACHE
ATLAS Classique VIDAL-LABLACHE
Carte 44 BIS
Collection de Cartes murales VIDAL-LABLACHE
LIBRAIRIE ARMAND COLIN
103, Boulevard St Michel, PARIS
MAROC
CARTE POLITIQUE
P. VIDAL de la BLACHE
GASTON LOTH
ESPAGNE
Gibraltar
MER MÉDITERRANÉE
OCÉAN ATLANTIQUE
Tanger
Ceuta
Tetouan
Melilla
Oran
Arzeu
Arzila
Larache
Ouezzane
Mehdia
Salé
Kenitra
Rabat
Fes
Taza
Meknès
Sefrou
Casablanca
Azemmour
Mazagan
Settat
Safi
Mogador
Marrakech
Agadir
Taroudant
Tiznit
Ifni
Kelaa
Demnat
Khenifra
Kasbet el Makhzene
Bou Denib
Figuig
Colomb Bechar
Oudjda
Tlemcen
Nemours
Sidi-bel-Abbès
DÉPT D'ORAN
ALGÉRIE
TERRITOIRE D'AÏN SEFRA
Aïn Sefra
Mécheria
Tamegrout
CHAOUIA
DOUKKALA
ABDA
CHIADMA
HAHA
REHAMNA
TADLA
ZAÏAN
ZAER
ZEMMOUR
DJEBALA
RIF
BENI GUIL
AÏT ATTA
TAFILELT
DOUI MENIA
GLAOUA
ICHKIREN
CHTOUKA
IDA OU BRAHIM
AÏT OU MRIBET
Légende
Echelle de 1/1000.000e
MAROC
ALGÉRIE
ESPAGNE
TUNISIE
Imp. GAILLAC-MONROCQ & Cie, Rue Suger, No 3, PARIS

12

ATLAS Général VIDAL-LABLACHE
ATLAS Classique VIDAL-LABLACHE
Carte 38
Collection de Cartes murales
VIDAL-LABLACHE
LIBRAIRIE ARMAND COLIN
103, Boulevard Saint-Michel, PARIS.
TUNISIE
CARTE PHYSIQUE
publiée par ordre de Mr René Millet
PAR L. MACHUEL
Mer Méditerranée
Iles de la Galite (T.)
Cap Blanc
Cap Serrat
Cap Bon
Cap Rosa
Ras Sidi Ali Elmekki
L. de Bizerte
Iles Zembra
Golfe de Tunis
Forêts de la Khroumirie
Mts de Khroumirie
Od Medjerda
Presqu'île du Cap Bon
Ras Mustafa
Ras Mamoura
Od Miliane
Djebel Zaghouan
Golfe de Hammamet
Plateaux de Tunisie
Monts de la Kessera
Lac Kelbia
Olivier
Ras Dimas
Cap Africa
Od Zeroud
Sahel
Ras Kapoudia
ALGÉRIE (F.)
Forêts
Monts de Tébessa
Od Mellag
Sebkha Elghorre
Olivier
Iles Kerkenah (T.)
Plaines sablonneuses
Forêts
Sebkha Ennouail
Iles Knaïs (T.)
Chott Elrharsa
Dattier
Djebel Cherb
Golfe de Gabès
Ch.t Elfedjedj
Dattier
Ile Djerba (T.)
Chott Eldjérid
Dattier
Plateau des Matmata
Sebkha Elmelh
Oued Fessi
Sebkha Eldebba
Dahar
Djefara
LÉGENDE
Echelle de 1:500.000
Chêne liège
Céréales
Olivier
Pâturages
Alfa
Dattes
Phosphate
TUNISIE
CARTE AGRICOLE
Carthago
Utica
ZEUGITANA
Bulla Regia
Thugga
Sicca Veneria
NUMIDIA
Ammædara
Theveste
Hadrumetum
Thapsus
Sufetula
Thysdrus
BYZACIUM
EMPORIA
Capsa
Thenæ
SYRTIS MINOR
TUNISIE ANCIENNE
RELATIONS MARITIMES DE LA TUNISIE dans la Méditerranée
FRANCE
Marseille
Gênes
ITALIE
Rome
ESPAGNE
Naples
MER TYRRHÉNIENNE
Carthagène
MER MÉDITERRANÉE
Palerme
Alger
Oran
Tunis
ALGÉRIE
TUNISIE
Tripoli
SAHARA
LIBYE
Imp. GAILLAC-MONROCQ PARIS

13

Il repose sa tasse, se lève et me fait signe de le suivre dans la cour.

« Je crains, monsieur Arvenel, que les enseignements dispensés par l'école normale d'Aix-en-Provence ne soient en fort décalage par rapport aux réalités du terrain. Je connais ce pays, je l'aime, et j'ai longtemps pensé, comme vous, qu'il ne fallait pas tenter de réaliser l'égalité par le bas, mais élever peu à peu ceux qui naissent à la vie civilisée jusqu'au niveau d'intellectualité et de moralité que nous sommes parvenus à atteindre. Laissez-vous donc guider, soyez des disciples calmes, soumis, corrects. Imitez dans votre conduite, dans votre travail, les meilleurs d'entre nous. Et si vous côtoyez les moins bons, faites en sorte de les respecter comme des frères aînés... Voilà ce que j'ai longtemps professé ! Pour quel résultat ? Force est de constater, après plus d'un siècle de présence, que les caractéristiques de leur race résistent à toutes nos entreprises. Paresse, envie, simulation, agressivité. Aussitôt le cahier refermé, ils retrouvent leurs traditions, leur religion, et se ferment à tout progrès. Regardez l'état de cette région, et comparez avec les progrès accomplis là où les colons sont en nombre... »

J'allume une Gauloise sans même penser à lui en proposer une.

« Je m'attendais à d'autres sortes d'encouragements... »

Il pose sa main sur mon épaule.

« Je ne dis pas qu'instruire les indigènes est inutile. Non, je me borne à en mesurer les limites. Le devoir d'enseigner s'adosse à nos intérêts économiques, administratifs, militaires et même politiques. On ne peut nier que l'instruction permet d'améliorer la production coloniale en augmentant la capacité et l'intelligence de nos collaborateurs. Mais notre effort doit être nuancé, mesuré, pour éviter que ces nouvelles connaissances ne deviennent un instrument de perturbation sociale. En donnant l'illusion à nos protégés qu'ils peuvent être nos égaux, on ne fait que fabriquer des déclassés, des aigris. »

47 - UN CAMPEMENT DE PASTEURS NOMADES

47 Un campement de pasteurs nomades — 48 Un quartier de gratte-ciel

TABLEAUX DE GÉOGRAPHIE C E - COLLECTION ROSSIGNOL

COOPÉRATION PÉDAGOGIQUE - MONTMORILLON (VIENNE)

Atlas général VIDAL-LABLACHE, HISTORIQUE ET GÉOGRAPHIQUE ; Atlas classique VIDAL-LABLACHE, HISTORIQUE ET GÉOGRAPHIQUE ;
Carte 42 BIS
Collection de Cartes murales VIDAL-LABLACHE
LIBRAIRIE ARMAND COLIN
PARIS, 103, Boulevard St Michel
DÉPT D'ALGER
CARTE POLITIQUE
PAR P. VIDAL-LABLACHE
MER MÉDITERRANÉE
Alger
Dellys
Bougie
Cherchel
Tenès
Tizi-Ouzou
Blida
Miliana
Médéa
Orléansville
Ménerville
Palestro
Bouira
Aumale
Boghari
Teniet-el-Had
Relizane
Inkermann
Tiaret
Bordj-bou-Arréridj
DÉPT DE CONSTANTINE
OULED SIDI BRAHIM
Bou-Saada
RAH'MAN
DÉPARTEMENT D'ORAN
Djelfa
CERCLE DE DJELFA
TERRIT RE DE TOUGGOURT
OULED NAÏL
ANNEXE DE LAGHOUAT
Laghouat
Géryville
CERCLE DE GÉRYVILLE
TERRITOIRE DE GHARDAÏA
Brézina
TERRITOIRE D'AÏN-SEFRA
El Abiodh-St-Cheikh
CERCLE DE GHARDAIA
Ghardaïa
CHA'AMBA
Légende
Échelle de 1/3.500.000e
ALGER
Mustapha
Boufarik
PLAINE DE LA MITIDJA
Rovigo

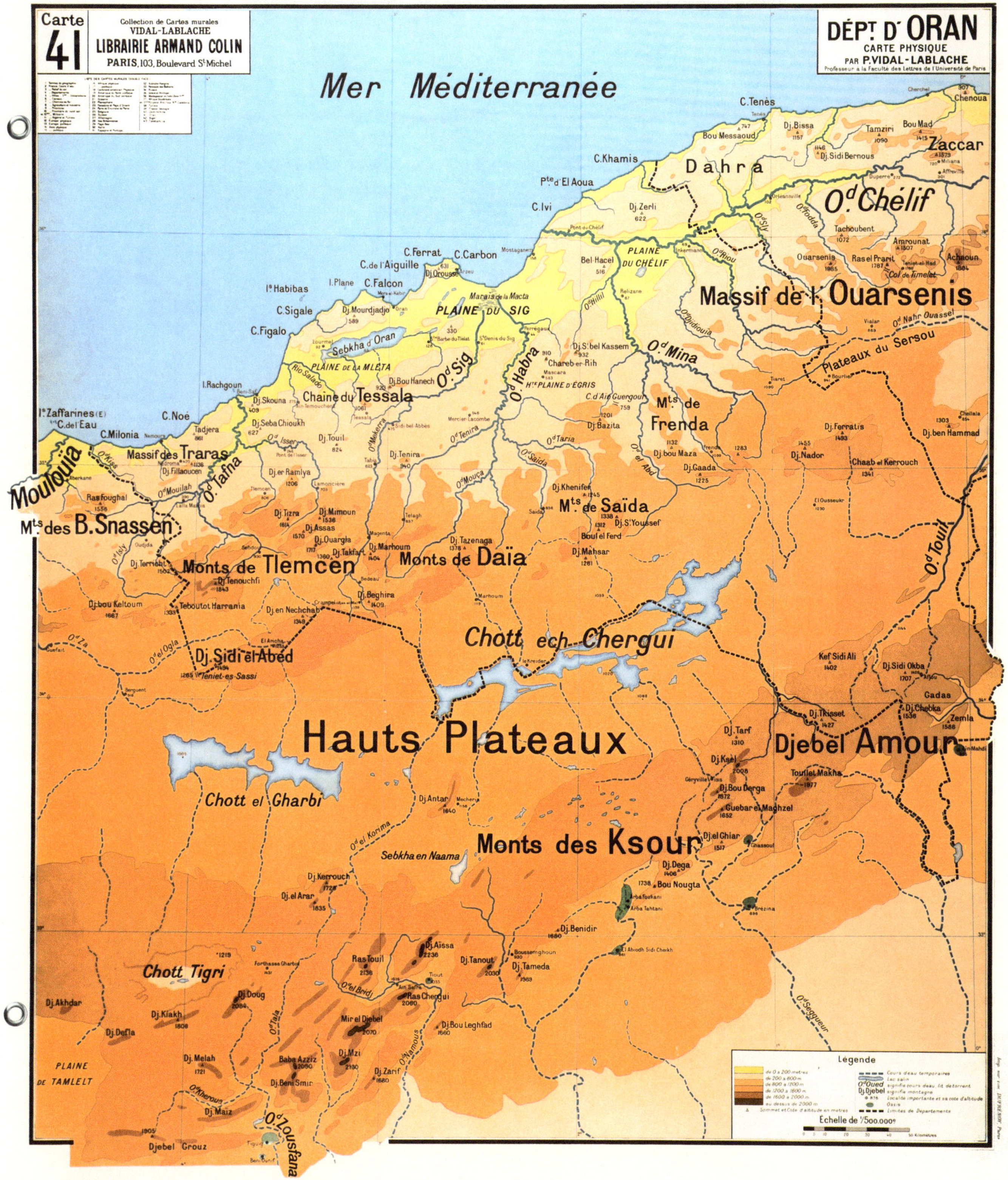
Carte 41
Collection de Cartes murales VIDAL-LABLACHE
LIBRAIRIE ARMAND COLIN
PARIS, 103, Boulevard St Michel
DÉPT D'ORAN
CARTE PHYSIQUE
PAR P. VIDAL-LABLACHE
Professeur à la Faculté des Lettres de l'Université de Paris
Mer Méditerranée
C. Tenès
Dahra
Zaccar
C. Khamis
Pte d'El Aoua
C. Ivi
Od Chélif
PLAINE DU CHÉLIF
Massif de l'Ouarsenis
C. Ferrat
C. Carbon
C. de l'Aiguille
C. Falcon
Ile Habibas
C. Sigale
C. Figalo
PLAINE DU SIG
Sebkha d'Oran
PLAINE DE LA MLETA
Chaine du Tessala
Od Sig
Od Habra
Od Mina
Plateaux du Sersou
Mts de Frenda
I. Rachgoun
Iles Zaffarines
C. Noé
C. Milonia
Massif des Traras
Od Tafna
Moulouia
Mts des B. Snassen
Mts de Saïda
Monts de Tlemcen
Monts de Daïa
Chott ech Chergui
Od Touil
Hauts Plateaux
Chott el Gharbi
Djebel Amour
Monts des Ksour
Sebkha en Naama
Chott Tigri
PLAINE DE TAMLELT
Od Zousfana
Djebel Grouz
Od Namous
Od Seggueur
Legende
Echelle de 1/500.000e

17

« Ce drapeau est tricolore. Il a trois couleurs, bleu, blanc, rouge. Partout où je verrai ce drapeau, je me découvrirai. En le saluant, je saluerai la France et les Français. Quand je serai grand je placerai tous les dimanches un drapeau tricolore sur le haut de ma case et je dirai à mes sujets : "Voyez ce beau drapeau ! Il faut beaucoup l'aimer ! Saluons-le !" Et nous le saluerons respectueusement en criant : "Vive la France !" »

Livre de lecture et d'instruction à l'usage des élèves des écoles du Soudan, Louis Blanc, 1899

Vive
la France
Chahtoul Liban

EL-KANTARA. — L'École
Maure, phot. Biskra

CHAPITRE 2

Ils partent tous trois alors que mes premiers élèves gravissent le raidillon pour accéder à la terrasse. Les enfants me regardent de loin, baissent la tête quand je cherche leur regard, et vont s'asseoir par terre, contre le mur inondé de soleil. À huit heures, l'effectif est au complet et j'attribue une place à chacun de mes vingt-six garçons en écrivant leurs prénoms autour du plan de la classe tracé à la craie sur le tableau noir. Le registre rempli par les instituteurs qui m'ont précédé depuis l'ouverture de l'école de Tigali ne mentionne la présence que de trois filles en cinquante-quatre ans d'activité. Les fillettes sont scolarisées deux à trois fois moins que les gamins, surtout dans les campagnes, même s'il existe deux ou trois classes pour elles dans la région. Il me suffit de poser deux ou trois questions à chacun pour me rendre compte que la majorité ne comprend qu'imparfaitement le français et que seuls cinq d'entre eux parviennent à déchiffrer tout ou partie de la phrase inscrite au-dessus du plan : « Tigali, lundi 17 septembre 1945. » J'ai eu beau fouiller les locaux de fond en comble, je n'ai réussi à mettre la main que sur une poignée de manuels scolaires dont certains datent du début du siècle. Le plus récent, *Géographie, la France et ses colonies*, n'a que dix ans. Je dispose également de trois planches murales représentant les départements d'Oran, d'Alger et de Constantine. Pas de crayons, pas de cahiers, juste une douzaine d'ardoises qu'ils devront se partager.

Je n'ai pas trop de la matinée pour les questionner individuellement, les jauger et remplir des fiches personnalisées qui m'aideront à juger des progrès accomplis. Au moment de la pause de midi, à part deux frères, ils restent dans la cour pour manger ce qu'ils ont amené de la maison : des fèves, des tomates, une boule de semoule, un morceau de galette de pain, quelques fruits. Certains habitent des mechtas isolées et doivent parcourir près de trois kilomètres à pied pour rejoindre l'école. Entre eux, ils parlent le berbère et se taisent dès que je m'approche, de crainte que je ne les gronde.

Une grande puissance comme la France ne peut se passer de colonies. Les colonies constituent un marché important où la métropole se procure à bon compte les matières premières et les produits alimentaires dont elle a besoin, – où elle vend, sans avoir à tenir compte des droits de douane, les produits de son industrie. »

Manuel de géographie cours moyen, 1925

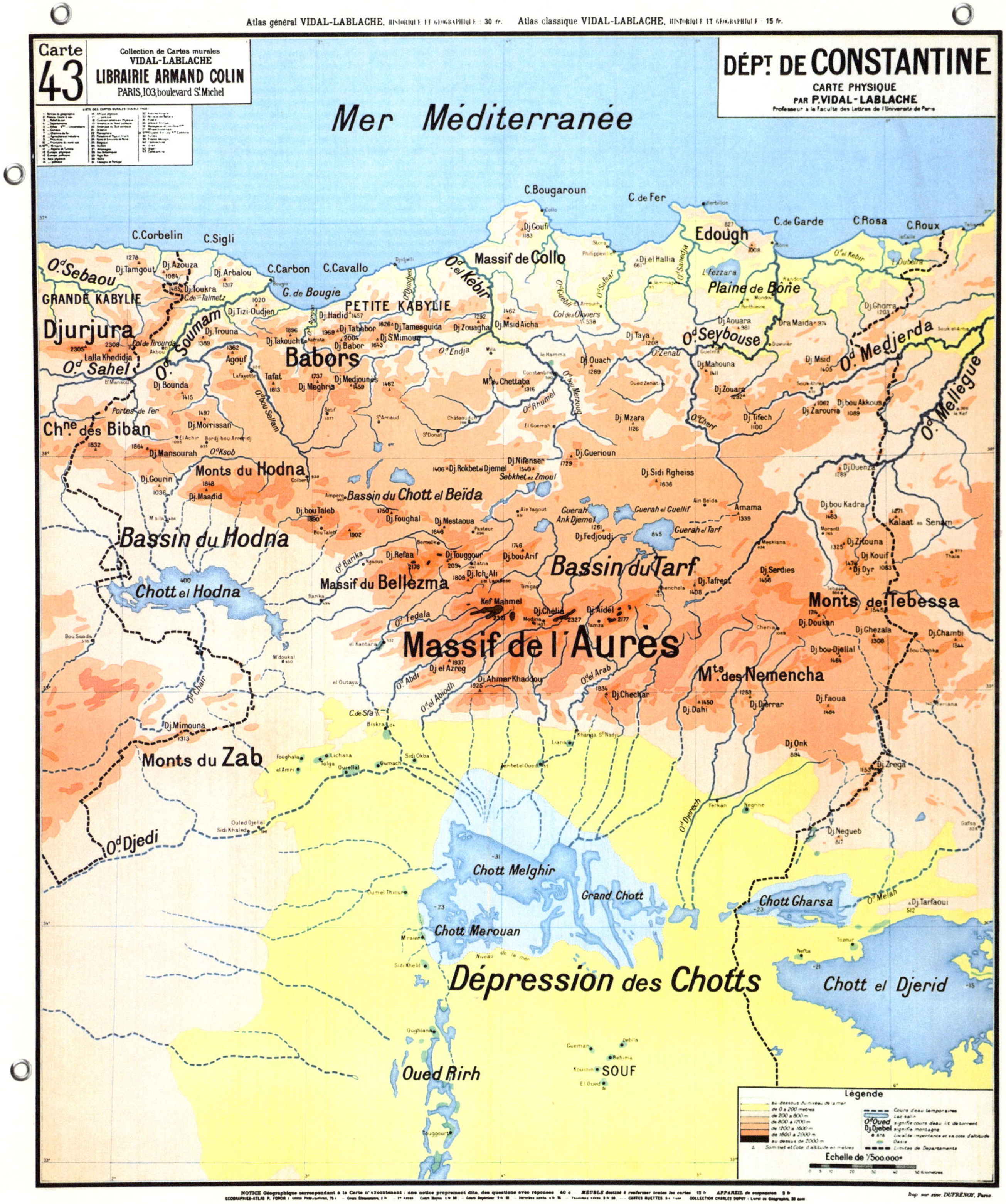
Atlas général VIDAL-LABLACHE, historique et géographique : 30 fr. Atlas classique VIDAL-LABLACHE, historique et géographique : 15 fr.
Carte 43
Collection de Cartes murales VIDAL-LABLACHE
LIBRAIRIE ARMAND COLIN
PARIS, 103, boulevard S.t Michel
DÉP.T DE CONSTANTINE
CARTE PHYSIQUE
PAR P. VIDAL-LABLACHE
Professeur à la Faculté des Lettres de l'Université de Paris
Mer Méditerranée
C. Bougaroun
C. de Fer
C. de Garde
C. Rosa
C. Roux
C. Corbelin
C. Sigli
C. Carbon
C. Cavallo
G. de Bougie
Massif de Collo
Edough
Plaine de Bône
O.d Sebaou
GRANDE KABYLIE
PETITE KABYLIE
Djurjura
Babors
O.d Sahel
O.d Soumam
O.d el Kébir
O.d Seybouse
O.d Medjerda
O.d Mellègue
Ch.ne des Biban
Monts du Hodna
Bassin du Chott el Beïda
Bassin du Hodna
Chott el Hodna
Massif du Bellezma
Bassin du Tarf
Massif de l'Aurès
Monts de Tebessa
M.ts des Nemencha
Monts du Zab
O.d Djedi
Chott Melghir
Grand Chott
Chott Merouan
Chott Gharsa
Chott el Djerid
Dépression des Chotts
Oued Rirh
SOUF
Légende
au dessous du niveau de la mer
de 0 à 200 mètres
de 200 à 800 m
de 800 à 1200 m
de 1200 à 1600 m
de 1600 à 2000 m
au dessus de 2000 m
Sommet et Cote d'altitude en mètres
Cours d'eau temporaires
Lac salin
O.d Oued signifie cours d'eau, lit de torrent
Dj. Djebel signifie montagne
Localité importante et sa cote d'altitude
Oasis
Limites de Départements
Échelle de 1/500.000e
0 5 10 20 30 40 50 Kilomètres
APPAREIL de suspension
Imp. sur zinc. DUFRÉNOY, Paris

15ᵉ TABLEAU. **La ferme**

3ᵉ TABLEAU. **La famille**

2e TABLEAU. **La maison**

5e TABLEAU. **La ville**

8e TABLEAU. **Le boucher**

6e TABLEAU. **La rue**

11e TABLEAU. **Le café**

12e TABLEAU. **L'hôtellerie**

On m'a recommandé d'être ferme, d'interdire l'usage de la langue locale. Une méthode consiste même à tracer une limite, dans la cour, pour marquer la frontière après laquelle le français règne sans partage. Je me dis qu'il faut tout d'abord leur en fournir les rudiments, que ce serait pire de les transformer en muets.

À la reprise des cours, je nettoie le tableau et j'écris consciencieusement les lettres de l'alphabet. Comme ils sont vingt-six, ils héritent chacun d'une des lettres et voyant qu'ils ont du mal à maintenir l'attention, à garder les yeux grands ouverts, je leur demande de la confectionner au moyen de branches souples prélevées sur les arbres. Ils se lèvent d'un bond pour se précipiter vers le verger. Je les observe escaladant les troncs des oliviers, des noisetiers, des orangers, des chênes-lièges, des eucalyptus, choisissant soigneusement la tige de bois, la fourche, qui, à l'aide d'un peu de torsion, d'un peu de ficelle, permettra de donner naissance à un *a*, un *b*, un *c*, un *d*...

Ils se prennent au jeu. Leur dextérité me surprend, et de retour dans la classe je n'ai aucun mal à composer quelques sons, quelques mots, en disposant deux ou trois élèves-lettres côte à côte sur la petite estrade. Je savoure les premiers sourires quand ils ânonnent *da, de, di, do, du*... Les jours suivants, nous décorons les murs avec des dessins, des photos, découpés dans les dizaines de revues que je transportais dans ma caisse. Je m'en sers de supports pour les cours d'histoire, de science naturelle, d'hygiène, de morale. J'accompagne mes commentaires de lectures puisées dans les ouvrages à ma disposition, privilégiant dans un premier temps tout ce qui présente un rapport avec l'Algérie. Je pioche quelques lignes dans un vieil exemplaire de *À travers nos colonies* pour illustrer un cours sur la transformation de la plaine de la Métidja : « Les conduites d'eau furent réparées, des canaux creusés pour favoriser l'écoulement des eaux marécageuses, des arbres plantés partout pour absorber les poisons de l'air et du sol, les maisons construites sur les coteaux, loin des bas-fonds où les végétaux décomposés par l'eau et le soleil tuaient plus sûrement que le poignard des indigènes. Après de longues années d'un labeur opiniâtre, la nature fut vaincue, les animaux sauvages furent refoulés dans leurs sombres repaires, et les Arabes

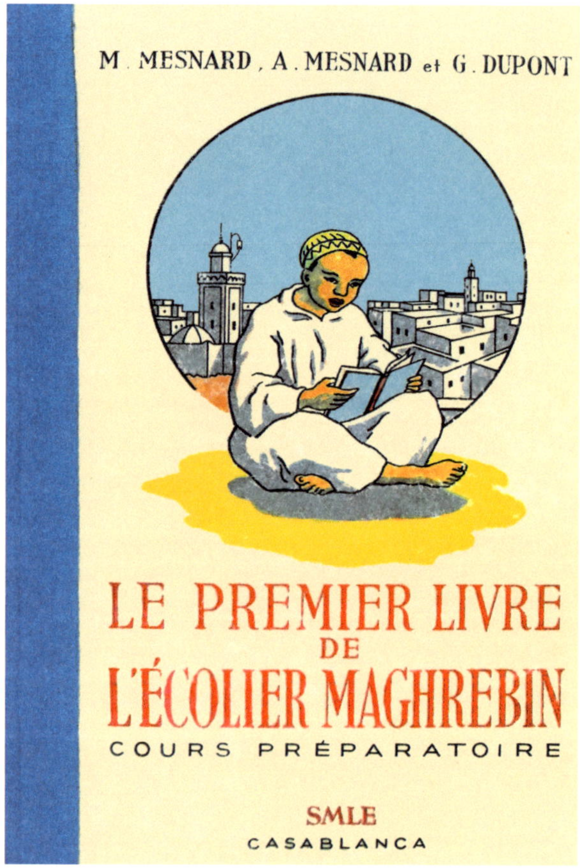

X *x* Z *z*
X *X* Z *Z*

cs = x xa xu xo

za ze zon zu zi

s = x six

la boxe, un zéro, le taxi, Bizerte, la taxe, onze, douze, treize, seize, l'index, soixante.

Ali a boxé avec Bouazza. Zohra fixe son voile. La gazelle dresse ses cornes. Il faut vendre à la taxe. Bande ta plaie avec de la gaze.

xe, zo, xu, zé, xi, zon, xa, zi, xé

Le cadi a acheté un luxueux tapis.

Le père d'Azzouz est secrétaire d'un vizir.

xu za ... le gazon. le taxi a renversé azzouz

20.

||||| |||| + | = 20 ||||| ||||| = 20 ou 2 dizaines
19 + 1 = 1 d + 10 =
||||| et ||||| = 2 dizaines ou 20

|||||||||| et |||||||||| = ||||||||||||||||||||
10 b + 10 b = 20 b
||||| + ||||| = ||||| |||||
1 diz + 1 diz = 2 diz

écrivons : 20 20 20 20 20

m *m*

M *M*

mo mé mè mu ma mê me miè

ma mère, la mine, la marine.

la tomate mûre, une minute, le numéro.

Maâti a ramené Mina et l'ami Ali.

ma, mi, me, mo, mu, mê, mè, me.

la lime, ta malle, la mare, le mulet

M m m . mi mo mê . la pomme.

7.

|||||| et | = |||||||
6 + 1 = 7

| et | et | et | et | et | et | = ||||||| bûchettes.

| bûchette × 7 =

||||||| bûchettes : 7 =

dessinons des billes : 3. 7. 5. 2.

les babouches 19

b *b*

B *B*

ba bi
be bé
bu bui
bê bo
bia biè

bébé, la bobine, la banane.
la bière, le tibia, le bât, la bête, la bulle.

Habib a bu de la limonade à Rabat.

ba, bi, be, bé, bu, bê, bo, bui
sa robe, une bonne bête. Baâdi est arabe.

b b. bo biè bia ... la cabane

9. *écrivons :* 9. 9. 9. 9.

4 + 4 + 1 = 9 − 5 = 3 + 3 + 3 =
2 + 2 + 5 = 9 − 4 = 3 X 3 =
4 + 4 + ... = 9 9 − ... = 4 9 : 3 =
2 + ... + 5 = 9 9 − ... = 5 1 X 9 =

le haïk d'Aïcha 47

y *y*

Y *Y*

ii = y . ï

py ry
dy noy
pay
puy aï

une syllabe, une pyramide, le foyer, du maïs.
je paye, un polygone, appuyer, rayer, le haïk.

Un rayon de soleil. Taïeb récolte son maïs. Aïcha est la fille du caïd. Ne vous appuyez pas au mur. Balayez la classe, essuyez le bureau.

py, dy, ry, noy, pay, puy, aï, foy.
Taïeb écrira les syllabes : ry, puy.
J'ai payé le tertib. Qui a pris mon crayon?

y py le caïd ... soigne tes yeux

+ 2. ajoutons 2.

• et • • 1 + 2 = • • • • • • et • • 6 + 2 =
• • et • • 2 + 2 = • • • • • • • et • • 7 + 2 =
• • • et • • 3 + 2 = • • • • • • • • et • • 8 + 2 =
• • • • et • • 4 + 2 = • • • • • • • • • et • • 9 + 2 =
• • • • • et • • 5 + 2 = • • • • • • • • • • et • • 10 + 2 =

p *p*

P *P*

pi pe

pa pu

po pê

pe pè

pui

papa, pipe, pâte, patate, pitié.

pie, pas, étape, tapis, épi, petite, puits,

Papa a tué ta pie.

pi, pé, pa, pe, po, pè, pu, pé, pie, pui

Papa a tapé petite Itto

p p p ... pa pê pio ... pipe ...

5. IIII et I = IIIII

4 + 1 = 5

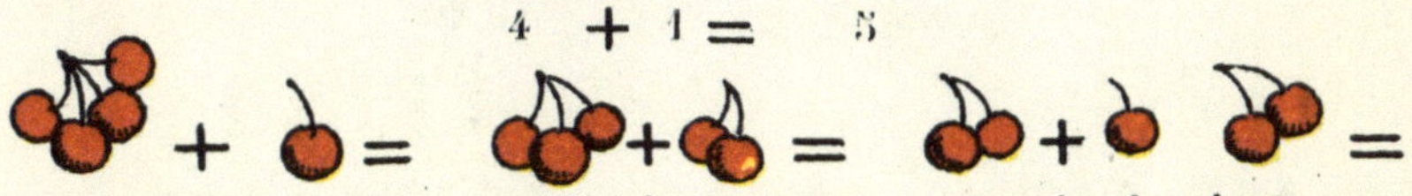

4 + 1 = 3 + 2 = 2 + 1 + 2 =

IIIII − I = IIIII − III = IIIII − IIIII =

5 − 1 = 5 − 3 = 5 − 5 =

4	3	5	5	5
+ 1	+ 2	− 4	− 2	− 5

écrivons : 5. 5. 5. 5. 5. 5. 5. 5.

i *i*

I *I*

u *u*

U *U*

i u i u i u u i i u

u i u u i i u i i u i u

iui uiu uiiu

uiu uiiui iuiu

I i i i ... U u u u ...

2. I 1 [dé] 1

II 2 [dé] 2

écrivons : 1. 1. 2. 2. 1. 2. 1. 2.

dessinons :  = II =  = 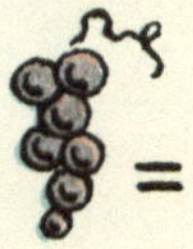 =

29

« L'enseignement comprendrait, en priorité, la propreté et la bonne tenue d'une maison, la préparation des aliments, le blanchissage, la couture d'utilité domestique et non de luxe, le jardinage des légumes communs, la tenue d'une basse-cour, et, secondairement, la lecture, l'écriture et les quatre premières règles d'arithmétiques. »

Instruction provisoire pour l'école de jeunes négresses de Saint-Louis, 1826

Ecole de Homs

eux-mêmes, comprenant l'inutilité de leurs crimes, se soumirent ; leurs descendants sont des cultivateurs ou des commerçants paisibles. »

Le premier trimestre file sans que je m'en aperçoive. Entre la préparation des cours, les corrections, la présence des élèves, les marches forcées pour le ravitaillement, la confection des repas, les lessives, l'entretien des bâtiments, les rapports hebdomadaires exigés par l'Administration, il est rare que je dorme les sept heures qui me sont nécessaires. L'hiver, qu'on me dit rigoureux à cette altitude, ajoute à la liste des corvées celle du ramassage du bois de chauffage, et c'est avec un véritable soulagement que je rature sur le calendrier le dernier jour de classe précédant les vacances de Noël. Le lendemain en milieu de matinée, dans le silence inhabituel de la salle désertée, je suis pris d'un intense sentiment de solitude que rien ne parvient à entamer, ni la lecture, ni le bricolage, ni les tentatives de jardinage. Je me décide à descendre en direction de la nationale et grimpe dans l'autocar pour Tizi-Ouzou. Devant l'église Saint-Eustache qu'éclabousse un soleil oblique, des enfants endimanchés se font photographier assis sur les genoux d'un Père Noël au front baigné de sueur. Des soldats en armes patrouillent dans le quartier de la mairie. Je me mêle à la foule qui déambule autour de la place centrale avant d'aller poster quelques lettres et boire un chocolat au *Café Français*. Je reprends le car en fin de journée, apaisé, les bras chargés de victuailles, de cartouches de cigarettes. Mais j'ai du mal, à cause des cahots, à lire les premières pages de *La Lucarne*, un roman tout juste paru de Jean Meckert, un auteur dont un précédent texte, *Les Coups*, m'avait fortement impressionné. Je m'y mettrai ce soir, à la bougie, et il repoussera la nuit.

« Dès les premiers temps de la conquête, la France a compris que ce pays ne lui appartiendrait réellement que lorsqu'elle l'aurait civilisé et colonisé, c'est-à-dire peuplé de Français et d'autres Européens. »

L'Algérie, cours élémentaire et moyen, Alger, 1925

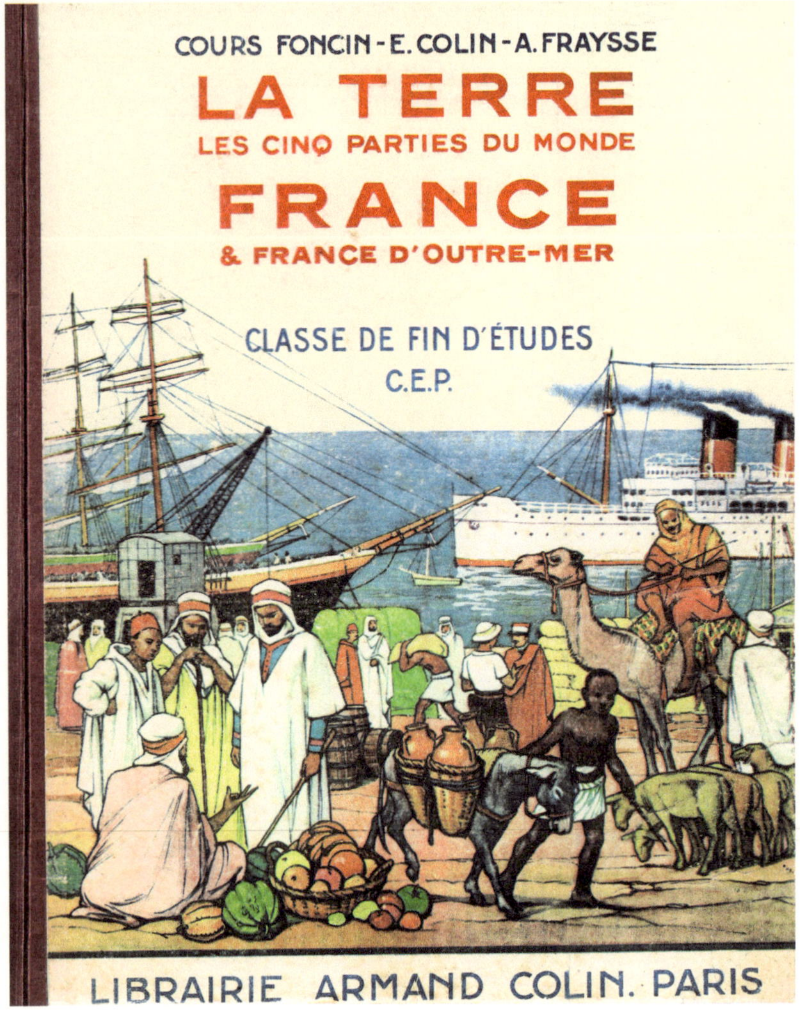

62 **Un grand soldat français.**

FIG. 91. — Le commandant Gallieni débarrasse le Tonkin des bandits pillards. Il dessine la carte des pays qu'il parcourt.

FIG. 92. — Le général Gallieni gouverne notre colonie de Madagascar. Partout il construit des routes, il ouvre des écoles.

Ce tableau donne l'ensemble des races humaines avec les types différents des peuples soumis à la France.

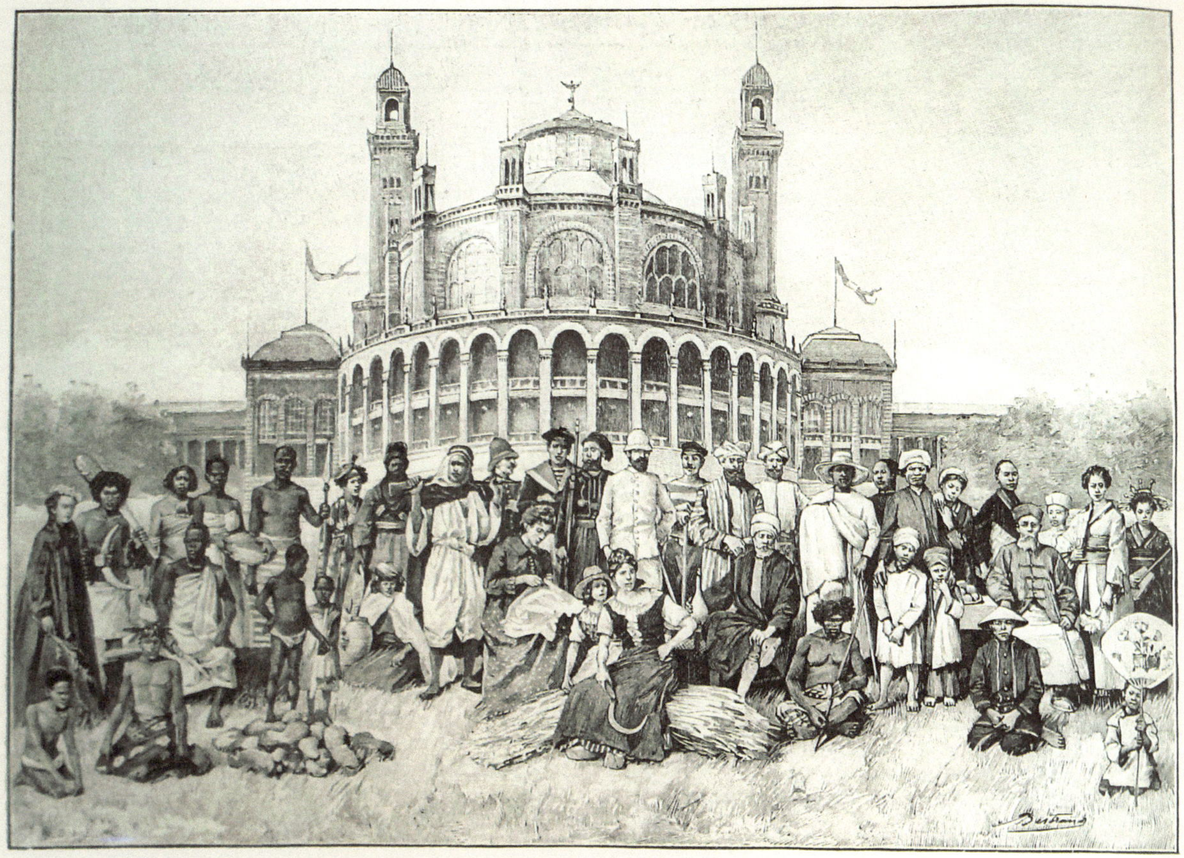

GROUPE OCÉANIEN		GROUPE AFRICAIN			GROUPE FRANÇAIS	GROUPE ASIATIQUE			
Femme de Tahiti.	Noirs océaniens.	Noirs du Soudan et du Congo.	Mulâtresse des Antilles.	Touareg, Arabe, homme et femme.	Marin. Soldat. Ouvrier. Officier. Ouvrière. Paysanne.	Hindous.	Malgaches et Comoriens.	Chinois et Indo-Chinois.	Femmes Annamites et Japonaises.
Race noire.					**Race blanche.**	**Race jaune et malaise.**			

D'ailleurs les habitants ne sont pas répartis également sur toute la surface des continents et des parties du monde. Ils se groupent dans les endroits les plus fertiles, où la vie est la plus facile, où le climat est le plus sain. Ainsi, dans les déserts du centre de l'Asie et de l'Afrique, comme dans les régions froides qui entourent les pôles, il n'y a pas d'habitants permanents. Certaines parties même sont inaccessibles aux hommes.

Les populations les plus serrées sont dans les zones tempérées, aux bords des mers et des grands fleuves.

Les populations ne vivent pas toutes de la même manière. Les unes sont fixées à demeure sur le sol qu'elles habitent, parce qu'elles y trouvent toutes les conditions de vie. Elles cultivent la terre et en exploitent les produits. On les appelle *populations sédentaires*, tels sont : les Européens, les Américains, les Chinois, les Hindous, les Malgaches, les noirs africains, etc.

D'autres vivent dans des régions que la trop grande chaleur ou le trop grand froid les empêchent de cultiver. Elles élèvent des troupeaux et sont toujours en mouvement pour les faire paître. On les appelle *nomades* ou peuples pasteurs. Ces peuples se trouvent surtout dans l'Afrique du Nord et le Sahara, en Arabie (Arabes), et dans l'Asie occidentale et centrale (Mongols, Turkmènes, etc.).

QUESTIONNAIRE. — 34. Qu'appelle-t-on populations sédentaires? populations nomades?

Lisons : Pierre de Brazza n'a que vingt-trois ans lorsqu'il entreprend son premier voyage en Afrique équatoriale.

Il ne fait pas la guerre aux peuples noirs. Il leur parle en ami, leur fait des cadeaux, soigne les maladies et souvent libère (1) les esclaves.

Vous le voyez en train de discuter avec un des principaux rois du Congo, **Makoko.** Il lui décrit si bien la grandeur de la France que Makoko place son royaume sous la protection de notre pays et cela sans qu'il y ait eu un seul coup de fusil tiré.

Observons. — 1. Où se passe cette scène ? — **2.** Montrons de Brazza, le roi Makoko. — **3.** Qu'est-ce que de Brazza explique au roi Makoko ? — **4.** Qu'arrive-t-il ?

Apprenons. — Pierre de Brazza fait la conquête du Congo en se faisant aimer des peuples noirs.

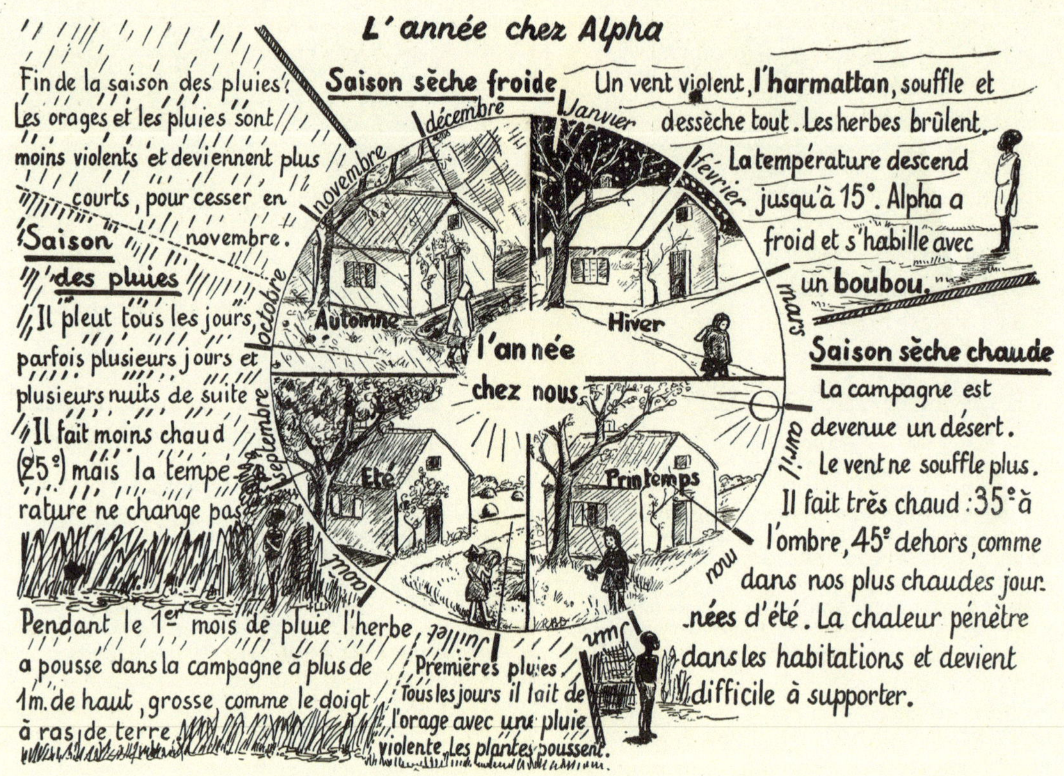

Race blanche. Race rouge. Race jaune. Race noire.

2. Une école en Algérie. — Aujourd'hui, toute l'Algérie est soumise à la France.

Cinq cent mille Français habitent en Algérie. Les villes anciennes se sont tant embellies qu'on ne les reconnaît plus. Il y a des villes nouvelles et surtout des villages nouveaux en très grand nombre.

UNE ÉCOLE DE PETITS FRANÇAIS ET DE PETITS ARABES EN ALGÉRIE.

L'image vous représente une école en Algérie.

Parmi les élèves, vous en voyez qui sont habillés comme vous. Ce sont de petits Français. Les autres sont vêtus du burnous blanc. Ce sont de petits Arabes.

L'instituteur et l'institutrice sont des Français.

Ils enseignent aux petits Français et aux petits Arabes tout ce que vous apprenez à l'école.

Les Arabes sont de bons petits écoliers. Ils apprennent aussi bien que les petits Français. Ils font d'aussi bons devoirs.

CHAPITRE 3

Le temps a brusquement changé ce matin. Une brume froide chargée de gouttelettes en suspension étire ses lambeaux sur tout le paysage. Le poêle que j'ai chargé jusqu'à la gueule pour repousser l'humidité tire mal, et je dois laisser la fenêtre entrouverte pour ne pas suffoquer. À l'école normale d'Aix-en-Provence, j'avais noué des relations amicales avec trois élèves instituteurs, Armand, Patrick et Jean-Pierre, ainsi qu'avec Marie-Joëlle qui fréquentait le bâtiment jumeau réservé aux femmes. J'ai reçu de leurs nouvelles, comme ils me l'avaient promis, et je mets à profit mon inaction forcée pour leur répondre enfin. Armand a été nommé au Sénégal, Patrick à Madagascar, Jean-Pierre en Indochine, tandis que Marie-Joëlle enseigne depuis peu près de Nouméa, en Nouvelle-Calédonie. J'écris une première lettre à la plume sergent-major que je trempe dans un encrier empli d'encre violette puis la recopie en trois exemplaires :

« Tigali, 27 décembre 1945.

Cela fait bientôt neuf mois que je suis en Algérie, et j'espère que cela annonce une renaissance. Je ne sais ce qu'il en est pour vous, quant à moi je vis dans un état d'extrême solitude, à la manière d'un moine mais sans avoir prononcé mes vœux ! Je me surprends à parler tout seul, et le croirez-vous, parfois même je me fais la conversation ! On m'a confié la classe unique d'une école qui, depuis sa création il y a un demi-siècle, ne peut afficher qu'une réussite au certificat d'études. C'était en 1927 et il s'appelait Attik Moklan. Si on rapporte ce miracle au nombre d'enfants ayant étudié entre ces murs, cela doit donner un pourcentage de 0,006 %. On semble s'en contenter en haut lieu puisque personne ne m'a fixé d'objectif. Le douar de Tigali compte trois cents maisons réparties dans un rayon de quatre kilomètres, et les chefs de familles sont pour l'essentiel des agriculteurs ou travaillent dans la forêt. La terre est particulièrement ingrate, et d'après ce que je comprends, le désœuvrement touche beaucoup de monde. Il règne ici une très grande misère que j'ai eu beaucoup de mal à voir alors qu'elle envahissait chaque matin la terrasse poussiéreuse qui nous sert de cour de récréation. Vous vous souvenez certainement des

La *France* vous considère comme ses enfants, nous voulons faire de vous des hommes honnêtes, bons, capables de devenir d'*excellents travailleurs de la terre* gagnant largement leur vie. Comme en général vous êtes des fils de cultivateurs, déjà vous avez appris à faire quelques petits travaux agricoles, et bientôt fellahs vous-mêmes vous exercerez la plus utile des professions. »

Le Livre du fellah. Petit manuel d'agriculture à l'usage des écoles d'indigènes musulmans, Claude Rolland, 1906

ÉDITIONS M.D.I. - St-GERMAIN-EN-LAYE (S.-&-O.)

IMPRIMERIES OBERTHUR

exposés qui nous ont été dispensés sur la psychologie des populations nord-africaines et l'impulsivité criminelle de l'indigène algérien. Elles me sont revenues en mémoire quand j'ai appris que je rejoignais ce pays. J'ai relu mes notes des cours de psychologie coloniale à propos des travaux des docteurs Antoine Porot et Don Côme Arrii. D'après eux, la personnalité fruste, l'infériorité mentale, en bref « les caractères de la race », expliqueraient la grossièreté de leurs réactions, leur niveau primitif qui, allié à la crédulité, les empêchent d'envisager l'avenir. Ils concluaient en soulignant que le fatalisme, favorisé par leur religion, n'était pas pour rien dans l'état d'arriération économique de leurs territoires. Selon le directeur de l'hôpital de Blida-Joinville, l'indigène « vit dans le présent et le passé, assez insouciant de l'avenir, et son esprit constitue l'opposition la plus flagrante en pays africain, avec celui de l'israélite toujours inquiet et préoccupé de l'avenir, essentiellement anxieux ». Il citait même un paysan, un fellah, qui à une question sur sa profession répondait : « Je suis un buveur de soleil. » J'en ai retrouvé des échos dans le manuel de géographie d'Henri Boucau dont je me sers pour préparer mes cours, et où il est avancé que l'agriculture arabe est fort arriérée, que les progrès y sont très lents parce que l'Arabe a peu de besoins, qu'il se contente de ce que la providence lui prodigue.

Ces leçons m'ont en quelque sorte servi de viatique pour évaluer le comportement de mes élèves. J'attribuais à leur nature le fait qu'ils ne soient pas capables de s'intéresser plus d'un quart d'heure aux lectures, aux exercices, ainsi qu'aux travaux manuels que je leur demandais. Pas un cours sans que je ne sois obligé de réveiller quatre ou cinq d'entre eux qui s'assoupissaient, bouche grande ouverte, la tête sur le bois du pupitre. Il m'arrivait même, pendant les premières semaines, de les punir pour leur inattention, leur paresse. Il a fallu que s'abattent sur la région les gros orages de la mi-novembre pour que je commence à réviser mon jugement. Un matin, au moment de procéder à l'appel, il manquait près d'un tiers de l'effectif. Boucenna, l'un de mes élèves, a fini par me dire que les absents étaient bloqués par un oued en crue qu'aucun pont ne permettait de traverser. J'ai laissé la classe sous la responsabilité du plus débrouillard, et je suis allé à leur rencontre en compagnie de Boucenna.

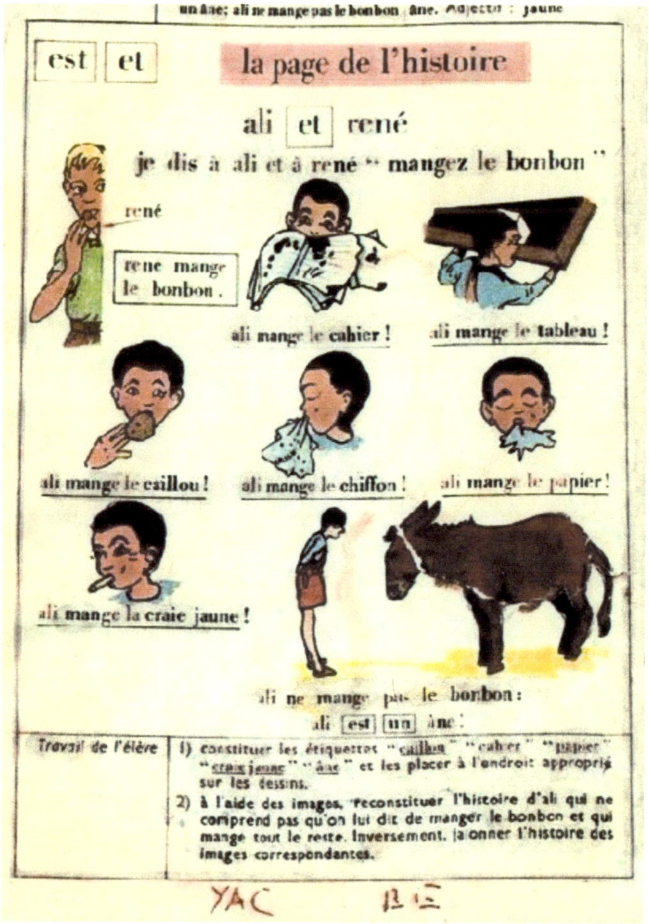

Boufarik en 1836.

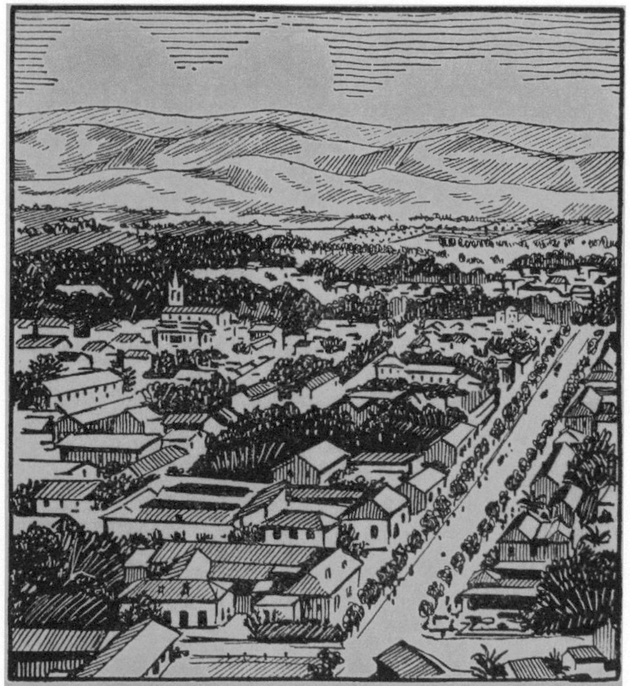

Boufarik aujourd'hui.

Nous avons marché près de trois quarts d'heure sur un sentier glissant avant d'atteindre la rivière transformée en torrent. Les retardataires, trempés jusqu'à la taille, avaient fini par franchir les flots dont le débit s'était apaisé. Je les ai interrogés en revenant sur mes pas. Certains partent au petit matin pour rejoindre l'école de Tigali après avoir déjeuné d'un verre de lait de chèvre, d'une poignée de dattes.

Seuls deux enfants sont équipés de chaussures. Le fils d'un tirailleur algérien mort héroïquement lors de la libération de Marseille (j'ai lu son nom parmi ceux de la classe de 1934) et dont la veuve a dû percevoir une pension, ainsi que l'un des rejetons du caïd. Il faudra que je vous en parle plus longuement. C'est un personnage considérable à l'échelle du douar. Il est en quelque sorte la courroie de transmission entre l'Administration française et les fellahs. Pour prix de la paix qu'il assure sur les pentes du mont Tigourn, nous lui concédons le droit de soutirer une partie de l'impôt qu'il est chargé de lever. Il est respecté autant qu'il est envié et haï. Pour le reste, mes élèves sont « habillés » de guenilles. Au mieux, quelques chemises rapiécées taillées dans du drap militaire, des lambeaux de vestons échoués ici après d'improbables voyages. La majeure partie se couvre le torse avec des hardes dont, chez moi, on ne garnirait pas la paillasse d'un chien de ferme : des sortes de ponchos taillés dans des couvertures, des sacs de céréales ou de produits chimiques dont on peut encore, par bribes, lire la marque. De petits clochards de campagne ! Au-dessus du bureau de monsieur Lejeune, mon instituteur à Pons en Charente-Inférieure, on pouvait lire une phrase de Danton prononcée à la Convention en août 1793 : « Après le pain, l'instruction est le premier besoin du peuple. » Un siècle et demi plus tard, à Tigali, elle est toujours d'une actualité brûlante, et j'ai le projet pour le printemps prochain de remettre le potager et le verger en état. Le cerveau est plus réceptif lorsque l'estomac s'est calmé.

Quand je les libère, en fin d'après-midi, il leur reste à faire le trajet en sens inverse. Combien de nos élèves, en métropole, accepteraient de payer ce prix pour apprendre les conjugaisons, les tables de multiplication, les dates des batailles napoléoniennes ou

قوس النصر

سنا علمكم السير من جديد في سبيل المجد . بهذه العبارة قال بيتان أمام جنوده في الحرب العظمى الماضية . ولم تنقض سنة على هذه الأقوال حتى بر
بالوعد المقطوع وعلا على أركان حربه بلاغاً نهائياً هذا نصه: المنزل مقبل بدائع الانتصار
وقد سلمت اليه عصا الماريشالية في مدينة ميتز التي استرجعتها جيوش فرنسا . وفي رابع عشر يوليو سنة 1919 مر بيتان في باريز تحت قوس النصر
متطياً جواداً ،، منستير ،، وكان القائد الأعلى لثلاثة ملايين من الجنود بينما كان لأربع خلون يقود الى القتال ثلاثة الاف جندي من المشاة لا غير

هبة النفس للوطن

من أقوال الماريشال بيتان للفرنسيين سنة ١٩٤٠

بعد أن كتب النصر لفرنسا في الحرب العظمى الماضية تغلبت في الناس فكرة المرح والاستمتاع على فكرة التضحية والتفاني فكثرت المطالب وقلت الخدمات وأعرض الناس عن الجهود فأتتنا بتهم اليوم المحن. لذا أهب ذاتي بكليتها لفرنسا تخفيفا لبلاياها - ولو أني قبلت متابعة الحرب وإهراق دماء أبناء البلاد تحقيقا لأوهام نفر من الفرنسيين جهلوا الأحوال التي كان يتم بها القتال لكنت غير أهل للبقاء في منصب الرياسة. إني لم أشأ الابتعاد عن أرض فرنسا ولم يكن سواها مطمح آمالي ولا منار رجائي

réciter *Le Corbeau et le Renard* ? Ce que je découvre du pays et de ses habitants est bien loin des descriptions que l'on nous en faisait à Aix. Souvenez-vous : « Le rôle des Français a été remarquable dans la mise en valeur de l'Algérie, qu'ils ont tirée d'un état misérable et transformée en pays prospère. Par leurs capitaux, par l'exemple de leurs colons, par la création des voies ferrées et des routes, ils ont vivifié la vieille économie indigène. » Je ne peux me prononcer pour les autres régions, mais ici l'état de misère règne sans partage. Je ne vois pas comment, à part la famine ou l'épidémie, il pourrait être plus prononcé.

Ce matin, je me suis levé aux aurores. J'en ai profité pour faire un peu de rangement. En déplaçant les meubles de la chambre, j'ai fait tomber plusieurs planches éducatives posées sur le haut de l'armoire. Elles retracent de manière édifiante la vie du maréchal Pétain que la Haute Cour de justice a condamné à mort, il y aura moins de 6 mois. J'avais entendu dire que mon prédécesseur était un fervent propagandiste de la Révolution nationale. Comme beaucoup, il a été déplacé après le débarquement des forces anglaises et américaines en novembre 1942. Il serait aujourd'hui formateur d'instituteurs indigènes, au Maroc, grâce à une promotion miraculeuse. L'une des mesures les plus spectaculaires du régime de Vichy avait consisté en l'abolition du décret Crémieux de 1870 qui accordait le statut de citoyens aux israélites d'Algérie, pour le remplacer par le statut des Juifs, le port de l'étoile jaune. Cette mesure avait immédiatement réveillé les bas instincts. On m'a montré une photo prise en août 1942 sur la petite plage de Zéralda : un arrêté municipal édicté par le maire et collé sur un poteau avertit les promeneurs : « Interdit aux chiens, aux Juifs et aux Arabes. » Pendant ce temps-là, tout ce que produisait le pays, légumes, céréales, viande, vin, liège, minerais, s'entassait sur les quais d'Alger et d'Oran, emplissait les cales des cargos italiens et allemands pour soutenir l'effort de guerre des puissances de l'Axe.

Je termine ma lettre dans la douce chaleur que cette pédagogie dispense depuis le poêle où je l'ai enfournée.

Je vous transmets mon amitié aux quatre coins de l'Empire !

Roger Arvenel. »

Pendant la guerre de 1914, les colonies ont envoyé à la France 1 million de soldats sur lesquels 200 000 sont tombés pour la défense de leur patrie d'adoption. »

Quel passé pour l'Afrique, P. Bernard et F. Redon, 1939

يجدّون في دروسهم ويجتهدون ليحرزوا النصر

دخل بيتان مدرسة «سان سير» الحربية فتحقق حلم صباه وادرك متمناه. وكان ضمن فوج من المتفوقين بينهم الاب شارل دى فوكو. فأخذ هذا الناشيء – ضابط الغد – الذي كان مرحه وإقدامه مضرب الامثال يدرس في حماس الخطط الحربية التي وضعها الامبراطور نابوليون الكبير. وكان يقوم بذالك تحت فيّئ تمثال كليبر أحد عظام قواده. كما انه راح يلتمس غذاه الروحي من مفاخر فرنسا غير ناس بان يستخلص العبر من المعارك التي خسرتها.

وقد التحق لدى خروجه من مدرسة «سان سير» بفرقة «قناصة جبال الالب» وهي من خيرة فرق الجيش الفرنسي المجيد.

وأخذ اثر ذالك يتدرج في الرتب العسكرية ويزداد اقتناعا بان الخطط الفنية الموضوعة للسلاح الذى ينتمي اليه لاتقيم وزنا لاهمية النيران وتأثيرها في سير القتال. لذا عند ما انتدب للتدريس في المدرسة الحربية اثبت ان استعمال الاسلحة النارية هو المهمة الرئيسيّة للجيوش من مختلف الاسلحة في ميادين الوغي.

انشودة الفراق

في شهر يوليو سنة ١٩١٤ صرح الجنرال مودوي لضباطه قائلا : «اني مبلغكم نبأ سيئا . . تعلمون ان لنا في فرنسا رجلا يثير الاعجاب المتناهي سيطوى لسوء الحظ ذكره اذ سيحال عما قريب الى التقاعد لبلوغه السن القانونية . وان اعتزاله الخدمة ليعتبر خسارة عظمى لا للجيش فحسب بل لفرنسا جمعاء . وها اني اذكر لكم اسم هذا الرجل فهو الكولونيل بيتان» .

وبعد مضي بضعة اسابيع على هذا الحادث أعلنت الحرب العظمى الماضية فغادر بيتان مدينة ارّاس . . . . ولكن الى ساحة القتال على رأس لواء كان يقوده ككولونيل . ثم دار الزمان دورته . . . .

محل تصاوير الماريشال

بطل وردان

في الخامس والعشرين من شهر فبراير سنة ١٩١٦ أستلم الجنرال بيتان قيادة جيش وردان. وكان الأعداء اذ ذاك قد أستولوا على حصن دوومون
وأوشكوا أن يكتسحوا المرتفعات الأخيرة الحامية لتلك المدينة التي كانت تعد الحصن الحصين لمقاطعة اللورين فشرع القائد الجديد الكبير النفوذ في هدوء
وسكينة باعادة النظام الى الجيش والسلطة الى اولي الأمر فيه وذلك بالأتفاق مع الجنرال «كستلنو» الذي كان قد بلّغ بيتان في ميدان القتال نفسه
التعليمات الأولية الصادرة من القيادة العليا بشأن المعركة. وعلى اثر ذلك أعلن بيتان للجنود السائرين في النهج المقدس للدفاع عن مرتفعات وردان قائلاً
ان الاعداء لن يمروا. وسرعان ما تغيرت حالة المعمعة. ففي ٦ اصيل يوم تاسع ابريل كان بيتان واثقاً من صد تقدم العدو الذي فشلت مساعيه على ضفتي نهر الموز.
لهذا أصدر أمراً عسكرياً مستوحى من «داوجبكلان» وجاء ذلك خاطب فيه جنوده بقوله: استبسلوا فاننا سنتمكن منهم

CHAPITRE 4

Aussi surprenant que cela puisse paraître, mon alphabet d'élèves fait de réels progrès, et les plus attentifs arrivent à écrire sur leur ardoise plusieurs phrases d'affilée sous la dictée, prenant bien soin d'attacher les lettres formant les mots. Je leur donne quelques additions et soustractions à résoudre. Le temps qu'ils les résolvent, je tente de débloquer l'esprit des plus rétifs. Je consacre invariablement la fin de journée à l'histoire de France que je dispense sous forme de courts récits centrés sur un personnage important. Vercingétorix le chef des Arvernes aux moustaches fournies et au casque ailé, le Grand Ferré et sa cognée redoutée de l'envahisseur anglais, l'épopée de Jeanne d'Arc la bergère de Domrémy, Bayard le chevalier sans peur et sans reproche. Je m'enflamme davantage pour les foules d'anonymes s'emparant de la forteresse de la Bastille, ou pour les grandes figures de la Révolution française comme Joseph Bara, ce gamin engagé à quatorze ans dans les hussards, et qui meurt sous les assauts des royalistes en criant « Vive la République ! » J'ai plusieurs fois envisagé d'aborder les épisodes de la conquête et de la pacification de l'Algérie, mais cela n'a pratiquement pas été évoqué lors de notre formation. Je ne dispose que de trop peu d'éléments, à part de courts textes illustrés à propos des campagnes du maréchal Bugeaud colonisant « par l'épée et par la charrue », la prise d'assaut de Constantine par le général Lamoricière « qui mâchait de la poudre depuis le lever du soleil jusqu'à son déclin », et la déroute de la smala d'Abd el-Kader provoquée par le duc d'Aumale.

La prise de la smala d'Abd el-Kader (version algérienne).

Quand le temps le permet, j'emmène mon petit monde dans le potager pour débarrasser la terre des cailloux, ou bien dans le verger où nous faisons tomber les bois morts. J'attends le printemps avec impatience en préparant des cours qui combinent les sciences naturelles, la faune, la flore, et les travaux pratiques. Depuis hier, les cours sont suspendus : un détachement de soldats parcourt la montagne à la recherche d'un groupe de bandits. Deux drôles d'hélicoptères kaki en forme de bananes font des allers

La prise de la smala d'Abd el-Kader (version française).

La conquête du Tonkin.

Brazza et l'exploration du Congo.

LA PRISE D'ALGER

SUDEL – 5, RUE PALATINE, PARIS-VIe

Conquête du Maroc (Lyautey).

et retours pour acheminer des hommes sur les sommets. Sans résultat. Avant leur départ, ils ont bivouaqué dans la cour, et j'ai pu obtenir de l'infirmier qu'il regarnisse ma pharmacie pratiquement vidée par les vagues de maladies de l'hiver. Pas de médecin à Tigali. Il faut vraiment que le patient soit à l'article de la mort pour que celui de Tigzirt entreprenne un déplacement pour lequel il est fort probable qu'il ne sera pas payé. J'ai commencé à le suppléer il y a deux mois, à la reprise des cours de janvier. Abdelkrim, l'un de ces gamins qui habitent de l'autre côté de l'oued, m'a réveillé en pleine nuit en cognant au volet de ma chambre. Rachida, sa sœur aînée, était au plus mal. Je l'ai suivi dans l'obscurité jusqu'à une pauvre maison, un toit de branchages posé sur une excavation. Au fond d'un trou faiblement éclairé par une lampe à huile, une adolescente maigrichonne au visage baigné de sueur respirait par saccades. J'ai fait appel aux souvenirs des soins que me prodiguait ma grand-mère pour utiliser au mieux les produits dont je disposais. Une application de pommade camphrée dans le dos, quelques gouttes d'essence d'eucalyptus dans de l'eau chauffée sur un feu de brindilles, un cachet d'aspirine. Le lendemain, ma réputation était faite. J'avais sauvé Rachida. Depuis, il ne se passe pas une semaine sans que l'on fasse appel à mes dons de guérisseur. On se hasarde également à me demander de remplir des formulaires exigés par l'Administration, à écrire des lettres destinées à des membres de la famille partis travailler en métropole afin de les supplier d'envoyer des secours. Je me fais le messager pour le meilleur, naissances, circoncisions, mariages, et pour le pire aussi. Plusieurs fois, on a tenté de récompenser mes services en m'offrant des œufs, du miel, du fromage, jusqu'à un bien aussi précieux qu'une volaille. Je décline chaque fois le cadeau d'un mouvement de tête que j'accompagne d'un sourire, alors qu'ici le bakchich est la règle : celui qui possède le plus infime des pouvoirs n'hésite pas à le monnayer pour améliorer l'ordinaire. Peu à peu, sans même le vouloir, j'ai gagné la confiance des parents de mes élèves. Alors qu'ils ne se déplaçaient jamais à l'école, plusieurs ont répondu à mes demandes de discussion au sujet des difficultés rencontrées par leurs enfants.

Le médecin a beaucoup étudié avant de vous soigner. Il connaît toutes les maladies et tous les remèdes. L'indigène qui ordonne des tisanes et pratique des opérations douloureuses n'a jamais étudié. Il ne sait rien et peut vous tuer sur le coup ou vous estropier pour toute votre vie. »

Livre de lecture et d'instruction à l'usage des élèves des écoles du Soudan, Louis Blanc, 1899

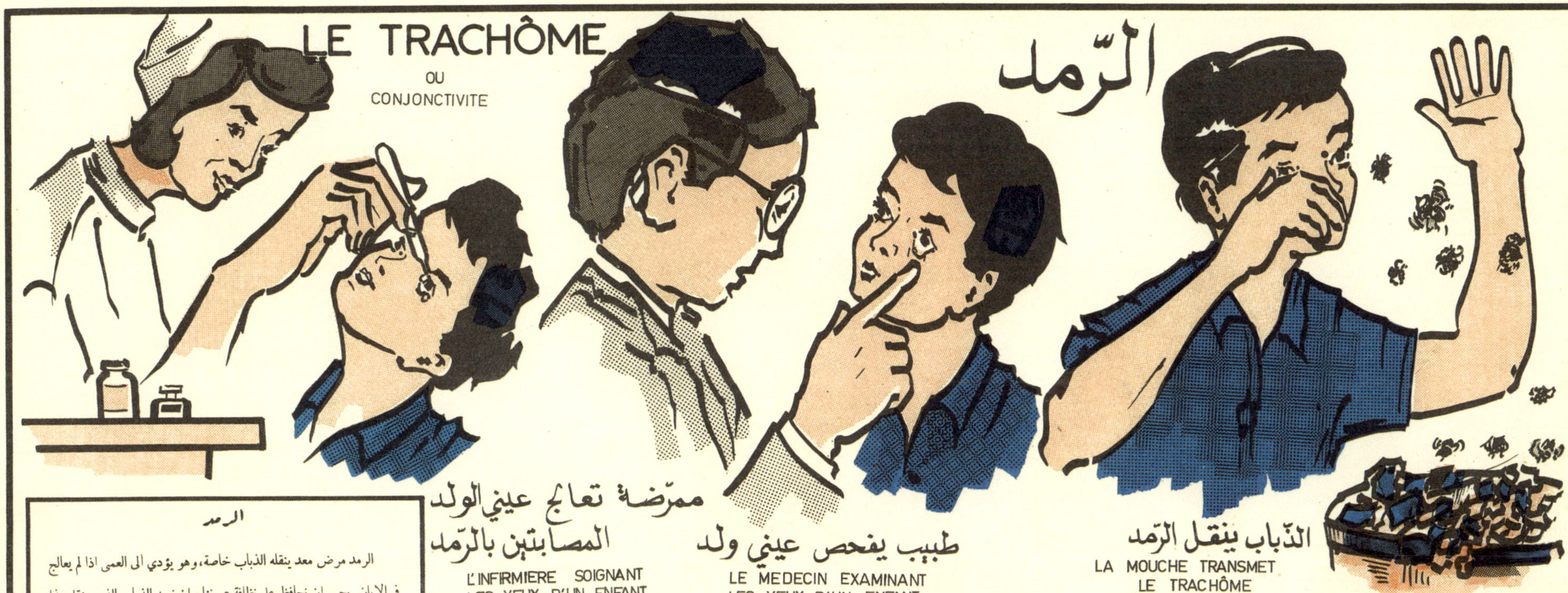

الرمد

الرمد مرض معد ينقله الذباب خاصة، وهو يؤدي الى العمى اذا لم يعالج في الابان. يجب ان نحافظ على نظافة عيوننا وان نبيد الذباب الذي ينقل هذا المرض الخطير كما يجب الابتعاد عن الاطفال المصابين والذهاب الى الطبيب حالا كلما شعرنا بألم بسيط في عيوننا وبذلك يمكننا ان نحافظ على سلامة العينين من هذا المرض المعدي .

Le trachome

Le trachome ou conjonctive granuleuse est une maladie des yeux trés contagieuse . Elle est propagée par les mouches qui transportent les microbes de l'œil atteint à lœil sain.

Le trachome est une maladie infectieuse qui peut causer la cécité (perte de la vue). Il faut donc maintenir les yeux dans un parfait état de propreté et lutter contre les mouches, se faire examiner les yeux par un médecin ophtalmologue dès qu'on sent l'inflammation de l'œil .

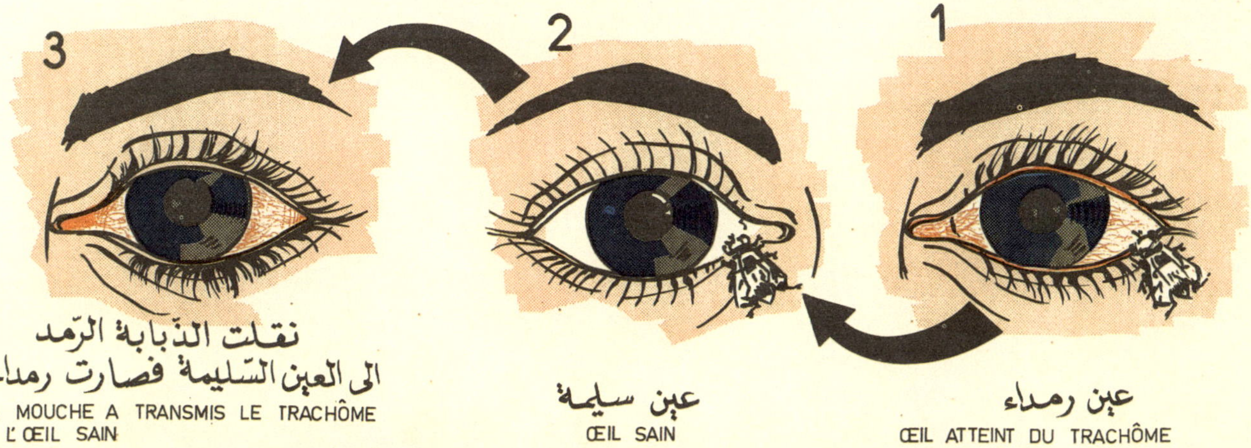

جيع الحقوق والنقل محفوظة

مصور الاشياء وملاحظة الطبيعة
الامراض المحليه (2)

LE TRACHOME -80- الرمد

اشكار واخراج وتاليف ونشر : مكتبة النجاح ـ تونس
طبعت باوفسيت دائرة قيس الاراضي

LA BANANE
DES COLONIES FRANÇAISES

LE BANANIER originaire des Indes, est une plante à longues et larges feuilles que le vent déchire aisément. De croissance très rapide, sa taille varie de 1 mètre 50 à 5 mètres et parfois 6 mètres suivant les variétés.

Sa tige, improprement appelée tronc, est formée par la juxtaposition des gaines folliculaires.

Depuis la fin du XIXe siècle, la culture du bananier s'est considérablement développée dans nos colonies d'Afrique : Guinée, Côte d'Ivoire, Cameroun, et dans nos colonies d'Amérique : Guadeloupe, Martinique, Guyane. Parallèlement, la consommation de la banane s'est accrue en France, passant de 62.000 tonnes en 1926 à 175.000 tonnes en 1936.

Aujourd'hui, la production de nos colonies suffit à assurer l'approvisionnement total de la métropole en bananes fraîches.

Une véritable flotte bananière a dû être créée pour le transport des bananes récoltées dans nos colonies. Régulièrement, vingt-six navires, spécialement aménagés, assurent le service entre nos colonies d'Afrique et d'Amérique et nos ports : ***Dieppe, Le Havre, Saint-Nazaire, Nantes, Bordeaux, Marseille ;*** ainsi nous parviennent, dans un minimum de temps, les bananes mûries sous le soleil des tropiques.

IMP. DE VAUGIRARD PARIS. 1938 GASTON PROST del.

MINISTÈRE DES COLONIES
LE CACAO
DES COLONIES FRANÇAISES
Le cacao est un des principaux produits des Colonies Françaises.
Il se récolte à toutes les saisons de l'année sur un arbre appelé *cacaoyer* qui pousse surtout en
Afrique (Côte-d'Ivoire, Togo, Cameroun), aux Antilles, à Madagascar et aux Nouvelles-Hébrides.
Les fèves de cacao, extraites des « cabosses », sont séchées, torréfiées, pulvérisées et entrent ainsi dans la fabrication des chocolats et du cacao en poudre.
En mangeant du chocolat, mais en en mangeant modérément, vous absorberez un puissant reconstituant et vous contribuerez en même temps à la mise en valeur du
MAGNIFIQUE EMPIRE COLONIAL DE LA FRANCE
LA FLEUR
AGRANDIE 3 FOIS
LE FRUIT
1/2 GRANDEUR
LA RÉCOLTE DU CACAO
CHOCOLATERIE
LE SÉCHAGE DU CACAO
BROYEUR
POUR LA PATE DE CHOCOLAT
CONFISERIE - PATISSERIE
CACAOYER
LE PETIT DÉJEUNER
IMP. DE VAUGIRARD. PARIS
GASTON PROST. Del.

Colonies Françaises Village SOUDANAIS

COLONIES FRANÇAISES
INDOCHINE

COLONIES FRANÇAISES
COCHINCHINE

COLONIES FRANÇAISES
GUYANE

Village sur Pilotis
Colonies Françaises
MADAGASCAR

COLONIES FRANÇAISES
ILE DE LA RÈUNION

COLONIES FRANÇAISES
ANNAM

COLONIES FRANÇAISES
TOGO et CAMEROUN

COLONIES FRANÇAISES
CAMEROUN - TOGO

COLONIES FRANÇAISES
MAROC

COLONIES FRANÇAISES
AFRIQUE OCCIDENTALE

Colonies Françaises
COTE des SOMALIS

Colonies Françaises
ANGKOR - VAT - CAMBODGE

Colonies Françaises
RESTAURANT TUNISIEN

COLONIES FRANÇAISES
SOUKS TUNISIEN

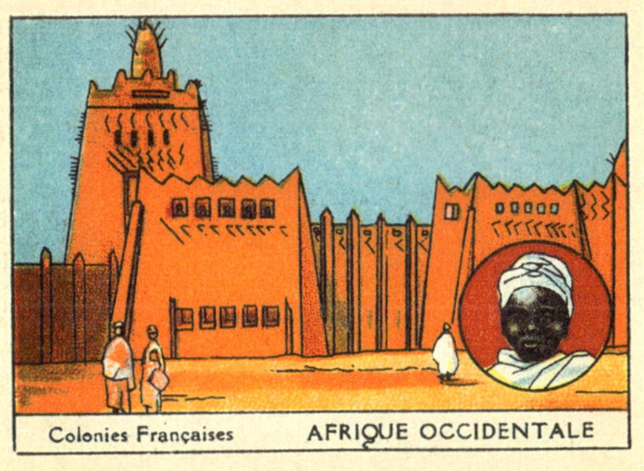
Colonies Françaises
AFRIQUE OCCIDENTALE

COLONIES FRANÇAISES
TUNISIE

COLONIES FRANÇAISES
AFRIQUE EQUATORIALE

Colonies Françaises
MADAGASCAR

COLONIES FRANÇAISES
SOUKS MAROCAIN

COLONIES FRANÇAISES
ALGÉRIE

COLONIES FRANÇAISES
ANNAM

Colonies Françaises
GUADELOUPE

COLONIES FRANÇAISES
CAMBODGE

COLONIES FRANÇAISES
LAOS (Indochine)

COLONIES FRANÇAISES
SYRIE et LIBAN

Colonies Françaises
CAFÉ TUNISIEN

COLONIES FRANÇAISES
VILLAGE LAOTIEN

Colonies Françaises
SAINT-PIERRE et MIQUELON

COLONIES FRANÇAISES
TUNISIE

La semaine passée Thuillier, l'administrateur communal, était de passage dans le village à la tête d'une équipe d'artisans qui doivent présenter un projet d'aménagement du chemin qui mène jusqu'à Tigali. Je suis allé le saluer pour lui suggérer qu'il serait vraiment nécessaire de jeter un petit pont sur l'oued afin que mes élèves puissent le franchir sans risque, par temps de grosse pluie. J'ai marché près de lui sur trois cents mètres, tout en parlant, et ce ne sont pas moins de six personnes qui sont venues me saluer. J'ai bien vu à son regard noir, à ses sourcils froncés, que la sympathie qu'on me témoigne s'apparente pour lui à une sorte d'insupportable promiscuité. J'allais filer quand il m'a retenu par la manche.

« On m'a rapporté que depuis quelques semaines vous organisiez des matches de football dans la cour de récréation...

– Ils se prennent tous pour Ben Bouali ou pour Ali Benouna, le joueur du Mouloudia Chaàbia d'Alger... Quand je leur demande de s'aligner pour les exercices de gymnastique, d'athlétisme, ils traînent des pieds alors qu'il n'y a que des volontaires dès qu'il est question d'un match de foot. Ils se dépensent tout autant... »

Le sourire qui a imperceptiblement étiré sa bouche m'a fait penser à celui d'un chat qui pose la patte sur une souris.

« Nous savons bien tous deux qu'à la progression de la civilisation doit correspondre la propagation de l'éducation physique... Un esprit sain dans un corps sain. Mais notre mission morale nous fait obligation de privilégier la santé et la vigueur des corps, et non la formation d'une élite qui finit par ne plus penser qu'à brandir une coupe et à gagner des championnats. Fournissez-nous de bons soldats, monsieur Arvenel. Quant aux héros, la métropole y pourvoira. »

ALPHABET
LA FRANCE
et ses
COLONIES

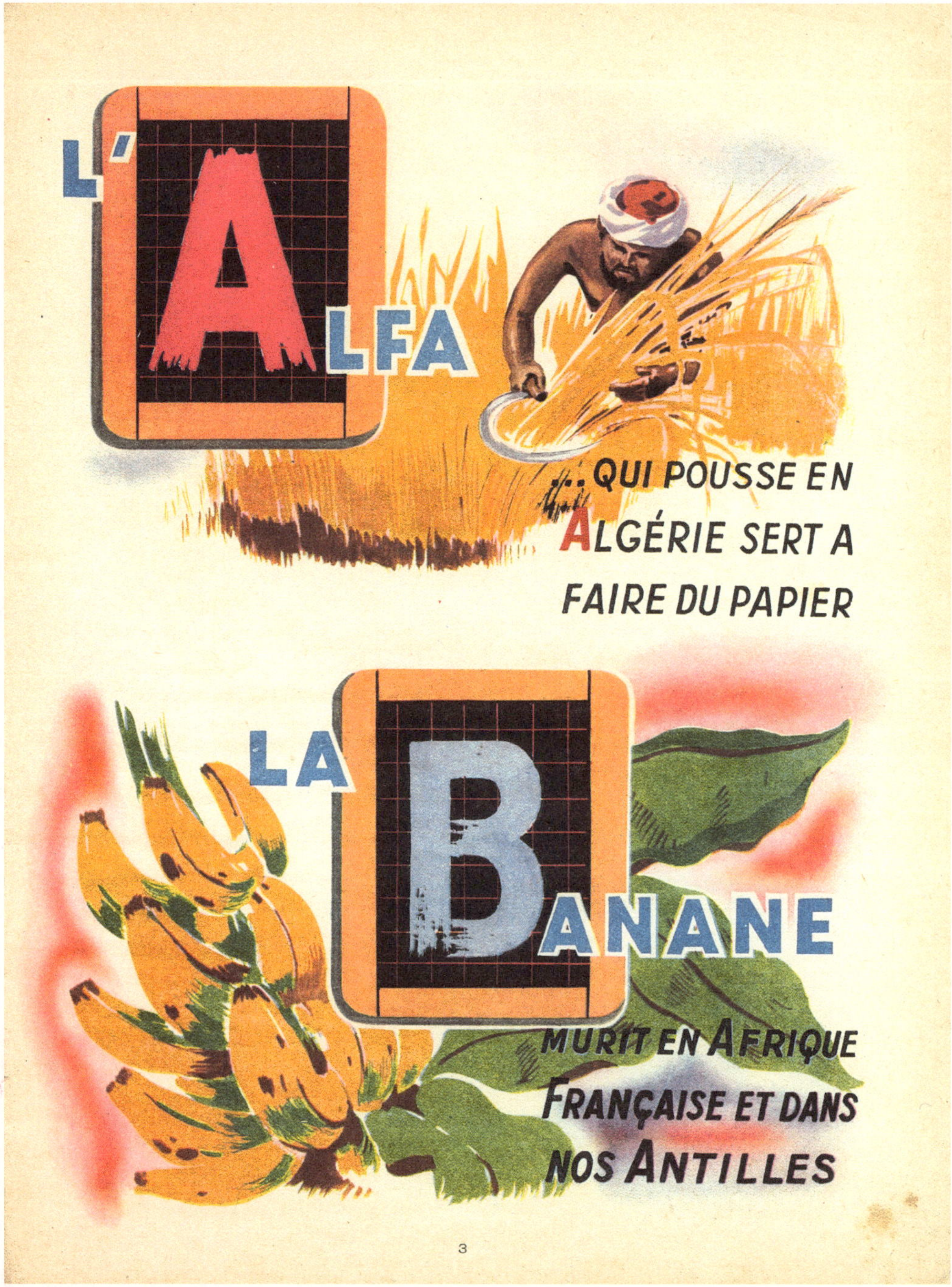
L'ALFA
...QUI POUSSE EN
ALGÉRIE SERT A
FAIRE DU PAPIER
LA BANANE
MURIT EN AFRIQUE
FRANÇAISE ET DANS
NOS ANTILLES
3

LE COCOTIER
DE NOS COLONIES
DONNE LE COPRAH
DONT ON FAIT DE L'HUILE
NOTRE DRAPEAU
FLOTTE DANS LES
CINQ PARTIES
DU MONDE
4

LA MORUE
EST PÊCHÉE PRÈS DES ILES
FRANÇAISES DE SAINT
PIERRE ET MIQUELON
LES NOIRS
DE NOTRE AFRIQUE
SONT DE MAGNIFI-
QUES SOLDATS
9

CHAPITRE 5

Une bonne surprise ce matin au courrier : une enveloppe avec un timbre d'Afrique Occidentale française représentant l'une de nos prouesses techniques : le pont Faidherbe qui relie l'île de Saint-Louis-du-Sénégal au continent. J'ai dû attendre la pause de dix heures pour prendre connaissance de la lettre d'Armand, après avoir lu devant un auditoire des plus attentifs l'un des *Mille et Un Contes, récits et légendes arabes* recueillis par René Basset, l'ancien directeur de l'École des lettres d'Alger. Ils se redressent tous, yeux écarquillés, oreilles grandes ouvertes dès que je prononce les phrases rituelles : « Le chanteur berbère s'en va de village en village. Au crépuscule, il se dresse dans sa gandourah brune, entouré de toute la tribu suspendue à ses lèvres. Au son des tambourins, d'une voix sonore, il déclame les légendes du sol natal. Écoutez-le... »

L'enveloppe renferme également une photo d'Armand, le crâne protégé par un casque colonial, le fameux salacot. On le voit accroupi, entouré d'enfants qui l'aident à planter un arbre dont je ne parviens pas à déterminer l'espèce. Un autre cliché montre un écolier souriant, maintenant en équilibre une pile de livres et de cahiers posés sur sa tête.

« Kaolack, 27 avril 1946,

Cher Roger,

Pardonne-moi de te répondre avec autant de retard, mais une fièvre paludéenne m'a mis sur le flanc pendant un bon mois. Un moustique minuscule a failli avoir raison d'un géant, comme dans une fable de La Fontaine ! À toute chose malheur est bon : si j'avais pris la plume dès la réception de ton courrier, voici ce que tu aurais pu lire :

Le nègre est à peu près un homme comme les autres. Mais il faudra de longues années d'effort pour qu'il arrive à valoir les peuples blancs qui se sont emparés de sa patrie. »

Géographie vivante, Ch. Triaud, 1826

AF-N-2b
AFRIQUE NOIRE
D'EXPRESSION FRANÇAISE
CARTE POLITIQUE
Échelle : 1/5 000 000
0 500 1000 km
0 250 500 miles
ILES CANARIES (E)
Santa-Cruz
Sidi Ifni IFNI (E)
MAROC
Tindouf
RIO DE ORO (E)
Fort-Trinquet
Villa Cisneros
Fort-Gouraud
Port-Etienne
Atar
RÉPUBLIQUE ISLAMIQUE DE MAURITANIE
Nouakchott
Rosso
Boghé
Kaédi
ILES DU CAP VERT (P)
Porto-Praia
St-Louis
Dakar
Rufisque
RÉP. DU SÉNÉGAL
Kayes
Bathurst (C)
GAMBIE
Tambacounda
GUINÉE PORTUGAISE (P)
Bissau
RÉP. DE GUINÉE
Dabola
Kindia
Kankan
Conakry
Freetown
SIERRA LEONE (C)
Kenema
Beyla
Monrovia
LIBÉRIA
OCÉAN
ATLANTIQUE
SAHARA ALGÉRIEN
Adrar
In Salah
Tropique du Cancer
Bidon 5
Tamanrasset
Tessalit
RÉPUBLIQUE DU MALI
Tombouctou
Bourem
Gao
Mopti
Ségou
Bamako
Siguiri
Sikasso
RÉP. DE HAUTE-VOLTA
Ouagadougou
Bobo-Dioulasso
Korhogo
RÉP. DE COTE-D'IVOIRE
Bouaké
Daloa
Dimbokro
Abidjan
RÉP. DU GHANA (C)
Tamale
Cape Coast
Sekondi
Accra
RÉP. DU TOGO
Lomé
RÉP. DU DAHOMEY
Parakou
Porto-Novo
Niamey
RÉPUBLIQUE DU NIGER
Agadès
Tahoua
Maradi
Zinder
Bilma
Fachi
Nguigmi
Sokoto
Kano
Kaduna
Maiduguri
FÉDÉRATION DE LA NIGÉRIA (C)
Gaya
Ogbomosho
Ibadan
Lagos
Bénin-City
Enugu
Onitsha
Makourdi
Port-Harcourt
Calabar
LIBYE
MÉDITERRANÉE
RÉPUBLIQUE ARABE UNIE (ÉGYPTE)
SOUDAN
RÉPUBLIQUE DU TCHAD
Zouar
Largeau
Fada
Mao
Abéché
Ati
Fort-Lamy
Massénya
Fort-Archambault
Garoua
RÉP. FÉDÉRALE DU CAMEROUN
Ngaoundéré
Tibati
Foumban
Bafia
Buéa
Douala
Yaoundé
Doumé
Santa-Isabel
FERNANDO-PO (E)
RÉPUBLIQUE CENTRAFRICAINE
Fort-Crampel
Bouar
Carnot
Fort-de-Possel
Bambari
Bangassou
Rafaï
Zemio
Berbérati
Nola
Bangui
ILE DU PRINCE (E)
Bata (E)
RIO MUNI
RÉP. GABONAISE
Libreville
Ndjolé
Booué
Lambaréné
Port-Gentil
Franceville
SÃO-THOMÉ (P)
ILE ANNOBON (E)
Setté-Cama
RÉP. DU CONGO
Ikelemba
Gamboma
Dolisie
Brazzaville
Pointe-Noire
CABINDA (P)
Cabinda
Léopoldville
Matadi
CONGO
Lisala
Buta
Stanleyville
Coquilhatville
Boende
Luébo
Bakwanga
Luluabourg
Kabinda
ANGOLA (P)
Équateur
ÉDITIONS M.D.I.
St-GERMAIN-EN-LAYE (S.-&-O.)
© 1962
LÉGENDE
★ État francophone
(C) État membre du Commonwealth
(E) Territoire dépendant de l'Espagne
(P) Territoire dépendant du Portugal
Capitale d'État ou Chef-lieu de Territoire
Capitale régionale dans une Fédération
Limite d'État
Ancienne limite d'État
Carte établie avec la collaboration de M. Marcel BARRAL, Inspecteur d'Académie au Mali
CARTE DES LANGUES
LÉGENDE
LANGUES CHAMITO-SÉMITIQUES
Langues berbères (chamitique)
Arabe (Sémite)
LANGUES NEGRO-AFRICAINES
Langues Nigritiques
Mande
Semi-bantou
Langues de l'intérieur du Soudan
Peul
LANGUES BANTOUES
Ensemble des langues bantoues
LANGUES NILOTIQUES
Ensemble des langues nilotiques
LANGUES EUROPÉENNES
A Anglais
F Français
P Portugais
E Espagnol
Arabe
Berbère
Targui
Tedà
Kara
Banda
Zande
Pygmée
Sara
Yorouba
Ewé
Akan
Agni
Krou
Malinké
Bambara
Mandé du Sud
Haoussa
Fan
Ifoghas

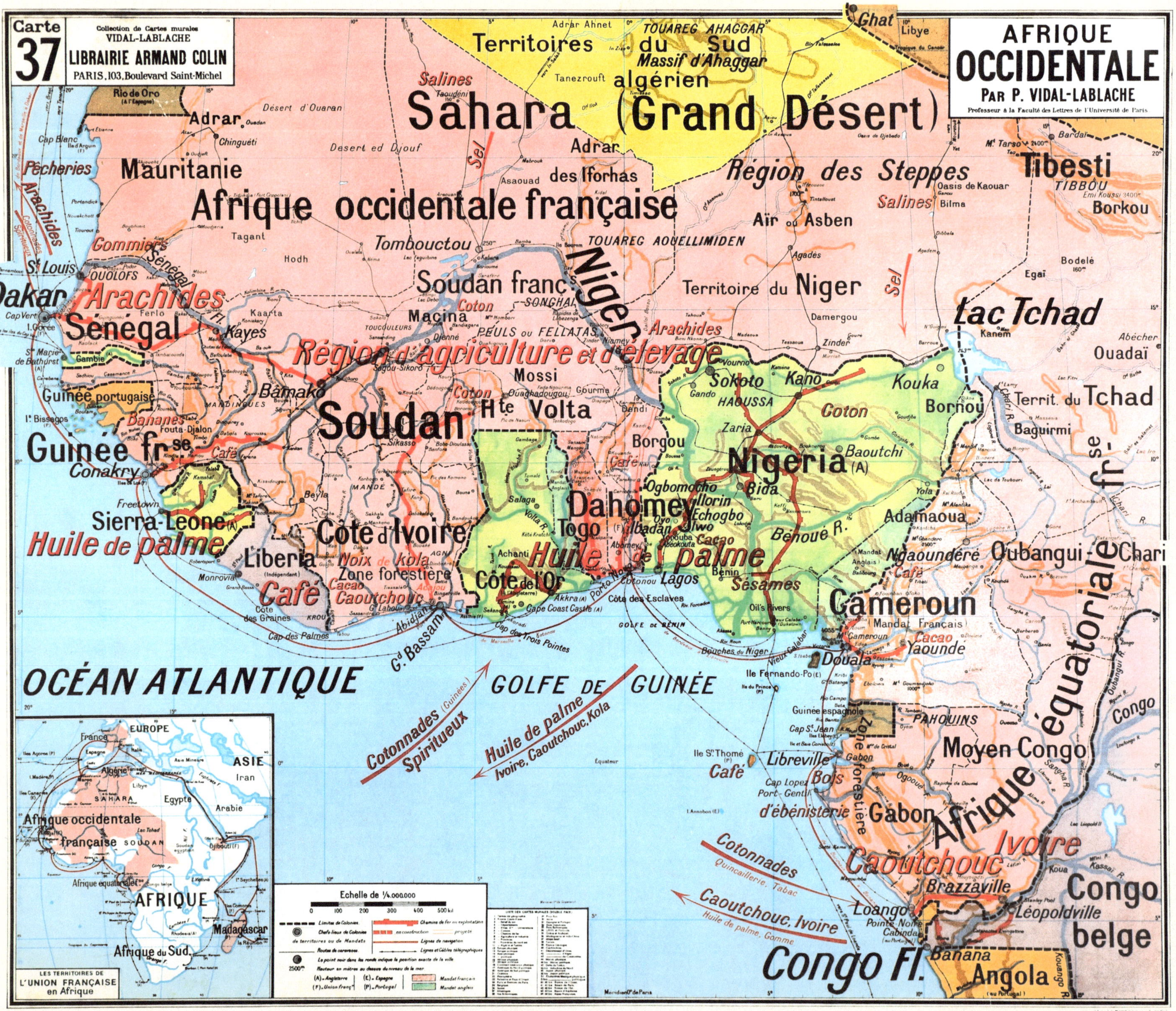
Carte 37
Collection de Cartes murales VIDAL-LABLACHE
LIBRAIRIE ARMAND COLIN
PARIS, 103, Boulevard Saint-Michel
AFRIQUE OCCIDENTALE
PAR P. VIDAL-LABLACHE
Professeur à la Faculté des Lettres de l'Université de Paris
Territoires du Sud algérien
TOUAREG AHAGGAR
Massif d'Ahaggar
Tanezrouft
Adrar Ahnet
Ghat
Libye
Sahara (Grand Désert)
Salines
Taoudéni
Rio de Oro
Adrar
Chinguéti
Désert d'Ouaran
Desert ed Djouf
Sel
Adrar des Iforhas
Région des Steppes
Tibesti
TIBBOU
Borkou
Cap Blanc
Pêcheries
Mauritanie
Afrique occidentale française
Arachides
Tagant
Hodh
Tombouctou
TOUAREG AOUELLIMIDEN
Aïr ou Asben
Salines
Bilma
Gommiers
St Louis
OUOLOFS
Sénégal Fl.
Dakar
Cap Vert
Arachides
Sénégal
Kayes
Soudan franç.
SONGHAÏ
Niger
Territoire du Niger
Sel
Lac Tchad
Kanem
Ouadaï
Macina
Coton
PEULS ou FELLATAS
Arachides
Zinder
Damergou
Région d'agriculture et d'élevage
Sokoto
Kano
Kouka
Bornou
Territ. du Tchad
Baguirmi
Gambie
Guinée portugaise
Bamako
Mossi
Ouagadougou
Hte Volta
Coton
HAOUSSA
Bananes
Soudan
Borgou
Zaria
Nigeria (A)
Guinée frse
Conakry
Fouta-Djalon
Café
Café
Baoutchi
Freetown
Sierra-Leone (A)
Huile de palme
Dahomey
Togo
Ilorin
Ibadan
Bida
Adamaoua
Benoue R.
Côte d'Ivoire
Liberia
Monrovia
Noix de kola
Zone forestière
Café
Cacao
Caoutchouc
Côte de l'Or
Huile de palme
Lagos
Porto-Novo
Cotonou
Sésames
Oubangui-Chari
Ngaoundéré
Café
Cameroun
(Mandat Français)
Cacao
Yaounde
Douala
Abidjan
Gd Bassam
Cap des Palmes
Cap des Trois Pointes
Côte des Esclaves
GOLFE DE BÉNIN
Bouches du Niger
OCÉAN ATLANTIQUE
GOLFE DE GUINÉE
Ile Fernando-Po (E)
Cotonnades (Guinées) Spiritueux
Huile de palme Ivoire, Caoutchouc, Kola
Guinée espagnole
PAHOUINS
Moyen Congo
Afrique équatoriale frse
Ile St Thomé
Café
Libreville
Gabon
Zone forestière
Bois d'ébénisterie
Cap Lopez
Port-Gentil
Gabon
Ivoire
Caoutchouc
Congo
Cotonnades
Quincaillerie, Tabac
Caoutchouc, Ivoire
Huile de palme, Gomme
Brazzaville
Loango
Pointe Noire
Léopoldville
Congo belge
Congo Fl.
Banana
Angola
EUROPE
France
ASIE
Iran
Algérie
Libye
SAHARA
Égypte
Arabie
Afrique occidentale française
SOUDAN
Djibouti (F)
Afrique équatoriale
AFRIQUE
Madagascar
Afrique du Sud
LES TERRITOIRES DE L'UNION FRANÇAISE en Afrique
Échelle de 1/4.000.000

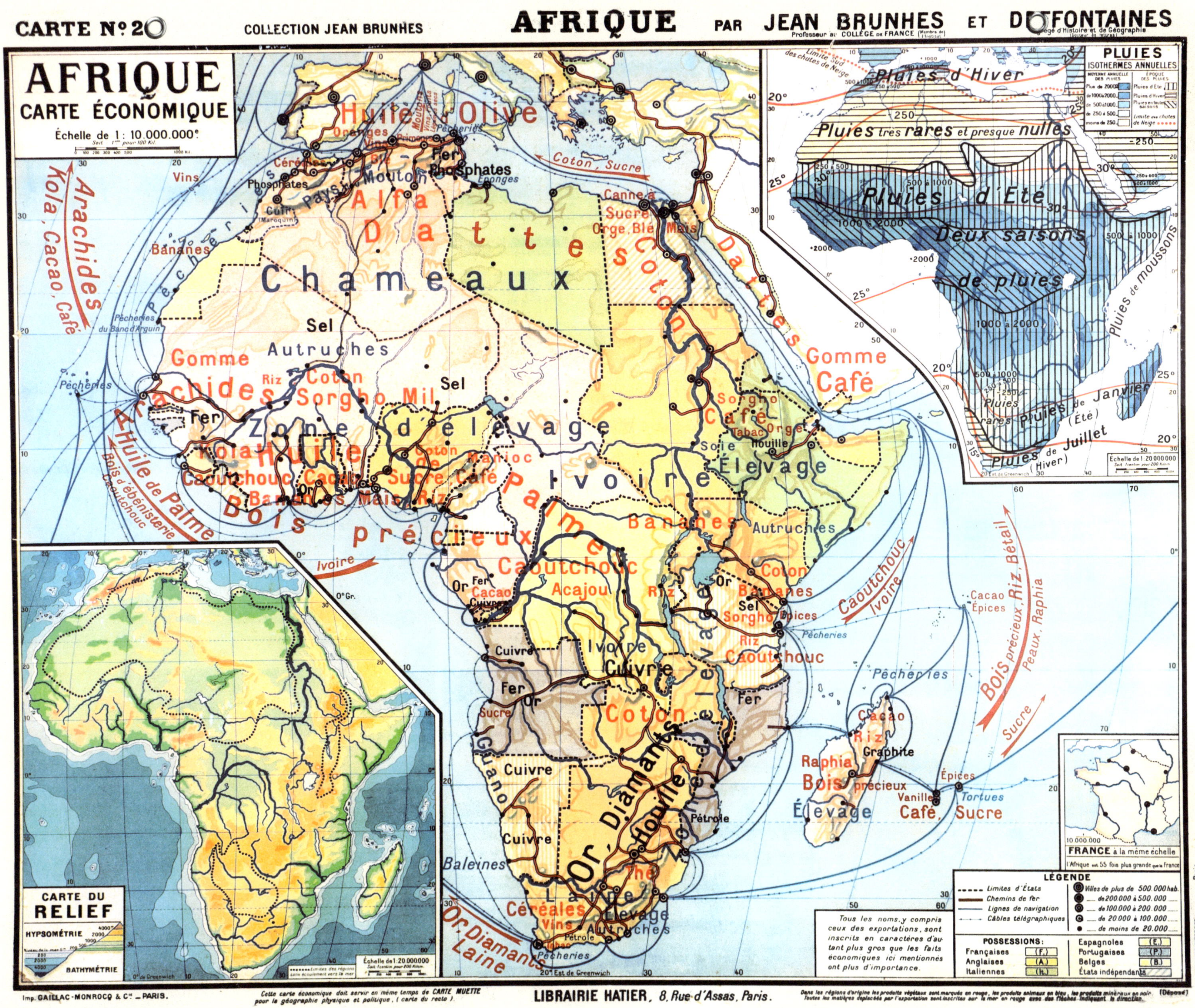
CARTE N°20
COLLECTION JEAN BRUNHES
AFRIQUE
PAR JEAN BRUNHES ET DEFFONTAINES
AFRIQUE
CARTE ÉCONOMIQUE
Échelle de 1 : 10.000.000e
Huile d'Olive
Phosphates
Alfa
Dattes
Chameaux
Sel
Autruches
Gomme
Arachides
Coton
Sorgho
Mil
Zone d'élevage
Ivoire
Palme
Bois précieux
Caoutchouc
Acajou
Kola, Cacao, Café
Huile de Palme
Bois d'ébénisterie
Café
Élevage
Bananes
Cuivre
Fer
Or, Diamants
Houille
Guano
Baleines
Céréales
Vins
Laine
Raphia
Graphite
Vanille
Sucre
Pêcheries
PLUIES
Pluies d'Hiver
Pluies très rares et presque nulles
Pluies d'Été
Deux saisons de pluies
Pluies de moussons
CARTE DU RELIEF
HYPSOMÉTRIE
BATHYMÉTRIE
FRANCE à la même échelle
LÉGENDE
Limites d'États
Chemins de fer
Lignes de navigation
Câbles télégraphiques
POSSESSIONS :
Françaises
Anglaises
Italiennes
Espagnoles
Portugaises
Belges
États indépendants
Tous les noms, y compris ceux des exportations, sont inscrits en caractères d'autant plus gros que les faits économiques ici mentionnés ont plus d'importance.
Imp. GAILLAC-MONROCQ & Cie – PARIS.
LIBRAIRIE HATIER, 8, Rue d'Assas, Paris.

"Dakar, 3 janvier 1946,

Cher Roger,

Je ne te reconnais plus dans les quelques pages que j'ai sous les yeux ! Où sont passés ton enthousiasme et ta foi inébranlable dans les vertus de l'éducation ? Tu es mal tombé, voilà tout. Sans que je ne demande rien, j'ai été nommé au lycée de Dakar où je ne peux que constater l'exact contraire de ce que tu rapportes. Des élèves bien portants convenablement vêtus, des parents présents, un encadrement bienveillant. Râleur comme tout Français qui se respecte, j'étais enclin à me méfier des proclamations de nos dirigeants, je ne peux qu'approuver les observations d'un de nos anciens ministres des Colonies quand il affirmait que "nous avons vraiment libéré les peuples que certains nous accusent d'avoir asservis. Et nous n'avons pas substitué d'autres chaînes aux chaînes que nous avons brisées. Notre Administration coloniale qui ne mérite aucun des reproches qu'on lui adresse si volontiers, est à la fois libérale et ferme, paternelle dans le sens le plus large du terme, traitant nos sujets indigènes en enfants qu'elle a le devoir d'éduquer, de former, mais aussi, mais avant tout, d'aimer." Je joins à cet envoi deux photos prises hier par un reporter du *Monde illustré* venu spécialement de Paris pour témoigner, en direction de l'opinion nationale, de la réalité de l'effort d'éducation entrepris en A-OF."

En fait, je ne suis resté que deux mois à Dakar, en remplacement d'un collègue parti se marier en métropole. J'ai donc pris le train Dakar-Niger jusqu'à Kaolack, la cité du sel située à près de deux cents kilomètres de la capitale et que borde le Saloum. Le fleuve abrite un port d'où part une bonne partie de la récolte d'arachides produites dans l'arrière-pays. J'ai été reçu à la gare par le chef de service de l'enseignement, ancien négociant en cacahouètes, justement. J'ai appris depuis, de bonne source, qu'il n'est titulaire que du brevet élémentaire : il doit son poste à un concours interne où il était le seul inscrit et qu'il a lui-même organisé et noté ! On me dit que je ne suis pas trop mal loti et qu'un peu plus bas, à Koumpenntoum, son homologue est un ancien sous-officier de la Coloniale qui traite les instituteurs

72

« L'éducateur peut être exigeant pour les Noirs. Ils sont capables d'effort et de générosité. Celui qui exige beaucoup élève le niveau et permet aux meilleurs éléments de donner pleine mesure et d'atteindre plein épanouissement. Les Noirs attendent de la fermeté chez leur formateur. Ils se savent faibles et souhaitent être aidés. »

Questions scolaires aux missions, 1954

45 · LA FORÊT VIERGE

45 La forêt vierge — 46 La toundra

TABLEAUX DE GÉOGRAPHIE C E · COLLECTION ROSSIGNOL

COOPÉRATION PÉDAGOGIQUE · MONTMORILLON (VIENNE)

ÉDITIONS M.D.I. - St-GERMAIN-EN-LAYE (S.-&-O.)

IMPRIMERIES OBERTHUR

« L'égalité, nous ne voulons pas la réaliser par le bas ; nous prétendons au contraire vous élever peu à peu, vous qui naissez à la vie civilisée, jusqu'au degré d'intellectualité et de moralité que nous avons atteint ; laissez-vous donc guider ; soyez des disciples calmes, soumis, corrects ; imitez, dans votre travail et votre conduite, les meilleurs d'entre nous, et considérez même les moins bons d'entre nous comme des frères aînés que vous devez respecter toujours et de qui vous devez vous faire admirer. »

Les Deux Routes, Georges Hardy, 1918

La France a le droit d'être fière de son œuvre africaine et mérite la reconnaissance et l'affection de ses enfants noirs. »

Géographie de l'Afrique Occidendale française,
Georges Hardy, 1913

comme des tirailleurs pendant leurs classes. J'ai la responsabilité d'une des écoles du cercle de Kaolack, un endroit distant de vingt kilomètres du chef-lieu, au milieu de nulle part, tellement lamentable que j'envie ton sort ! Des piquets fichés en terre, quelques cordes tendues sur lesquelles s'accrochent de la paille et un peu de feuillage. Ici, malgré les réticences du personnel, c'est l'enseignement agricole qui nous est imposé à mi-temps. Je dois me contenter de moins de quatre heures pour les apprentissages généraux. Quand j'ai fait remarquer que nous courions à l'échec, voilà ce que la hiérarchie m'a rétorqué : "Les bons programmes ne s'obtiennent qu'en élaguant, non en ajoutant. Enseignement du français, des sciences élémentaires, des travaux professionnels et enseignement technique approprié au milieu et c'est suffisant. À agir autrement, on ne prépare pas des citoyens français mais des déclassés, des vaniteux, des désaxés qui perdent leurs qualités natives et n'acquièrent que les vices des éducateurs." Comme tu peux le constater, ce n'est pas très éloigné du discours de ton administrateur communal.

Je m'adonne donc à l'apprentissage de la culture du manioc, du mil souna, du niébé, une sorte de haricot tropical, du pois de terre qu'on appelle ici voandzou, en direction d'enfants de cultivateurs qui en savent souvent plus que moi sur le sujet. Débroussaillage au sabre d'abattis et au rhock, avant de brûler les broussailles et de répandre les cendres sur le sol qu'il faut ensuite sarcler et biner avec des outils locaux primitifs comme la daba ou l'iler… Les seules connaissances que je possède sur ces activités me viennent des cours dispensés à Aix, quand il nous fallait étudier par cœur les planches fournies par la Maison des instituteurs. C'est même là que j'ai appris que le tapioca était une fécule tirée des tubercules de cet arbuste qui mesure jusqu'à trois mètres de hauteur ! J'essaie de ménager des pauses dans le laborieux travail agricole pour couper une fleur femelle, leur montrer les ovules dans leur poche, le pistil, comparer avec la fleur mâle et ses étamines, attendre le moment où le fruit s'ouvre sous l'effet de la chaleur et projette ses graines pour ensemencer le terrain…

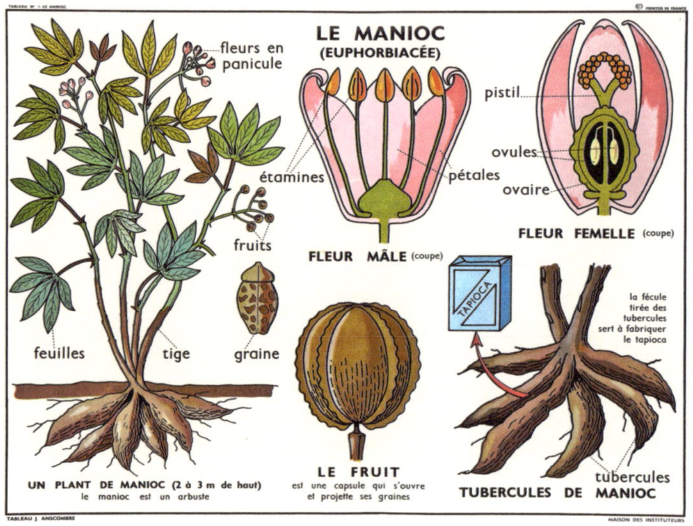

12 CLIMAT CHAUD
12 CLIMAT CHAUD
COOPÉRATION PÉDAGOGIQUE - MONTMORILLON (VIENNE)
COOPÉRATION PÉDAGOGIQUE - MONTMORILLON (VIENNE)

PRINTED IN FRANCE

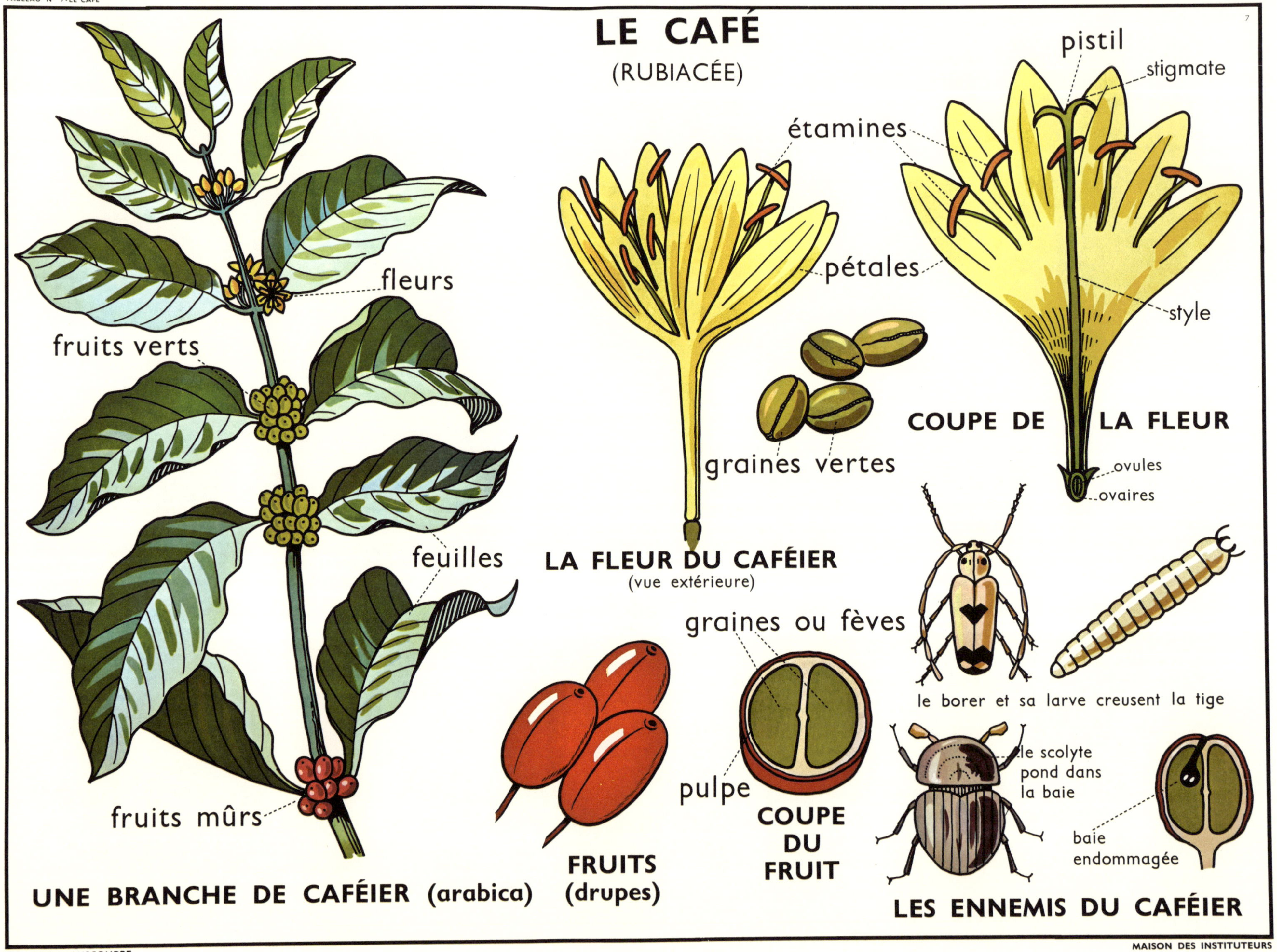

80

MAISON DES INSTITUTEURS

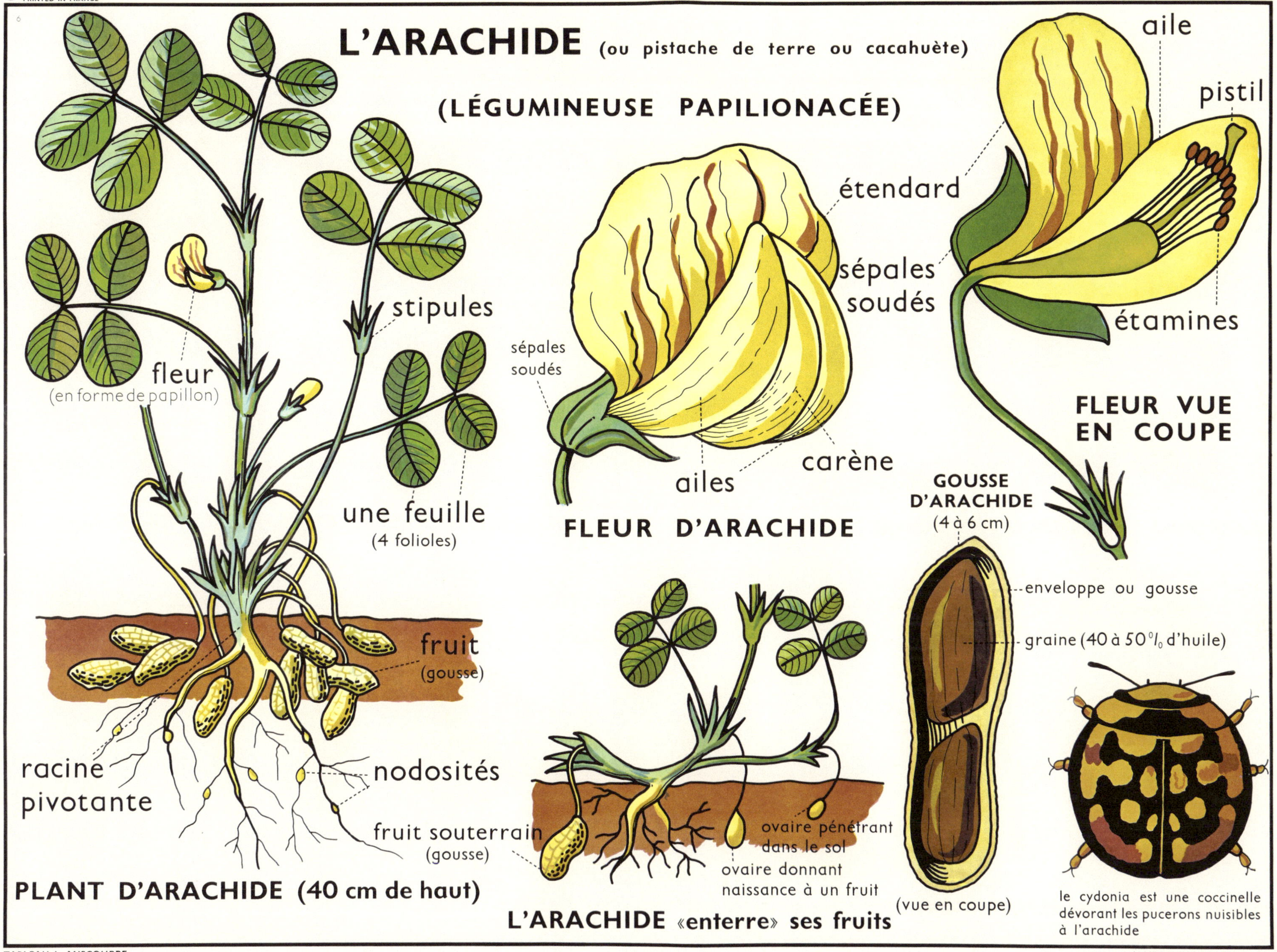
L'ARACHIDE (ou pistache de terre ou cacahuète)
(LÉGUMINEUSE PAPILIONACÉE)
stipules
fleur
(en forme de papillon)
une feuille
(4 folioles)
fruit
(gousse)
racine
pivotante
nodosités
PLANT D'ARACHIDE (40 cm de haut)
étendard
sépales
soudés
sépales
soudés
ailes
carène
FLEUR D'ARACHIDE
aile
pistil
étamines
FLEUR VUE
EN COUPE
GOUSSE
D'ARACHIDE
(4 à 6 cm)
enveloppe ou gousse
graine (40 à 50 °/₀ d'huile)
(vue en coupe)
fruit souterrain
(gousse)
ovaire pénétrant
dans le sol
ovaire donnant
naissance à un fruit
L'ARACHIDE «enterre» ses fruits
le cydonia est une coccinelle
dévorant les pucerons nuisibles
à l'arachide

PRINTED IN FRANCE

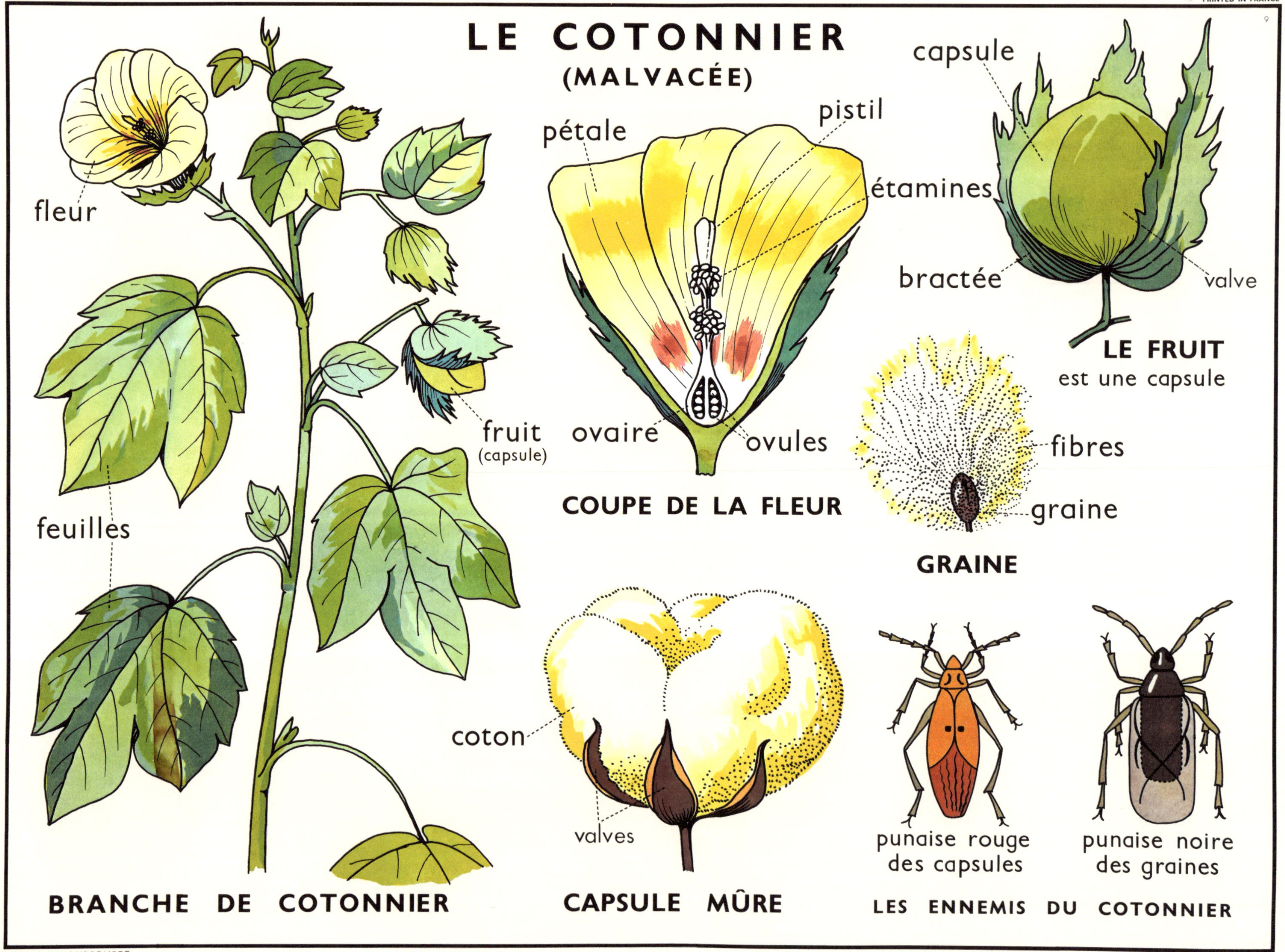

TABLEAU J. ANSCOMBRE
MAISON DES INSTITUTEURS

10
L'HÉVÉA (ou arbre à caoutchouc)
(EUPHORBIACÉE)
ouvrier pratiquant la saignée
saignée
où coulera le latex
tronc
courroie de soutien
godet
COMMENT ON RECUEILLE LE LATEX
SUR UN HÉVÉA (hauteur : 25 m environ)
UNE BRANCHE D'HÉVÉA
bouton femelle
bouton mâle
fruit mûr (capsule)
incision
coulée de latex
godet
RÉCOLTE DU LATEX
semences
graine germée
plantule
DÉVELOPPEMENT DE L'HÉVÉA
couteau de saignée
gouge
gouttière
godet
MATÉRIEL DE SAIGNÉE

Les besoins en eau des plantations nous obligent à d'incessantes norias vers le puits distant d'un kilomètre, et je ne vois pas sans pincements au cœur mes élèves se transformer, petit à petit, en bêtes de somme. Quand j'en ai fait la remarque, on m'a rappelé que le Code du travail autorise, en Afrique noire, l'emploi des mineurs de douze à quatorze ans pour l'accomplissement de travaux agricoles "légers".

Sur le chemin, nous nous arrêtons souvent près d'un champ d'arachides. Je leur montre comment le légume "enterre" ses fruits en faisant pousser des ovaires attachés à de fines racines aériennes. Les filaments s'inclinent peu à peu vers le sol, et ce sont ces excroissances qui donneront bientôt les cacahouètes croquantes gorgées d'huile. Nous restons accroupis pour observer le travail des cydonias, ces coccinelles africaines qui ingurgitent des quantités astronomiques de pucerons nuisibles. Le travail de la terre procure de rares moments de pure poésie comme cette éclosion, un matin à notre arrivée, des fleurs de patates douces nimbant d'un mauve transparent les alignements de culture. Ici, les femmes cueillent les feuilles dont elles font des décoctions qui soulagent toutes sortes de maux. Très efficaces contre les caries, je peux en témoigner. Des vieux, qui gardent jalousement le secret, parviennent à distiller un alcool de tubercules dans des alambics de fortune. J'y ai goûté : on sent passer la brûlure de la gnôle d'une extrémité à l'autre... Lors de la dernière récolte, nous avons exhumé des patates douces de plus d'un kilo, soit quatre fois le poids normal, une autre de près d'un mètre, ce qui nous a valu les honneurs du journal local.

Il faut également s'occuper des chèvres, des bœufs et bientôt de quelques cochons pour lesquels nous construisons une porcherie. Nous sommes bien loin des retombées scientifiques que procurent les jardins scolaires du Cantal ou du Calvados. Ce qui importe, c'est la vente de ce que nous produisons au profit de la mutuelle scolaire qui assure une bonne partie de notre budget. C'est sur cela qu'on me juge, qu'on me note. Je ne crois pas que l'on désire, en haut lieu, faire bénéficier les enfants noirs de l'enseignement, même primaire. Sans que cela ne soit jamais

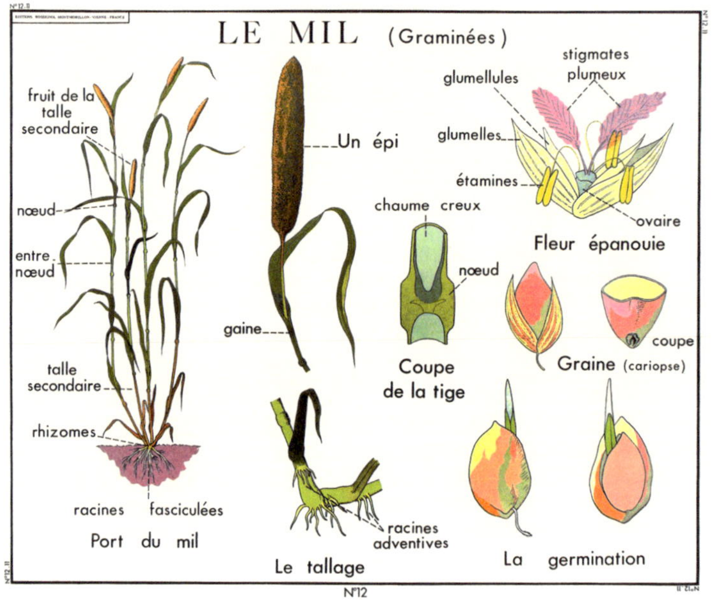

PRINTED IN FRANCE

TABLEAU J. ANSCOMBRE
MAISON DES INSTITUTEURS

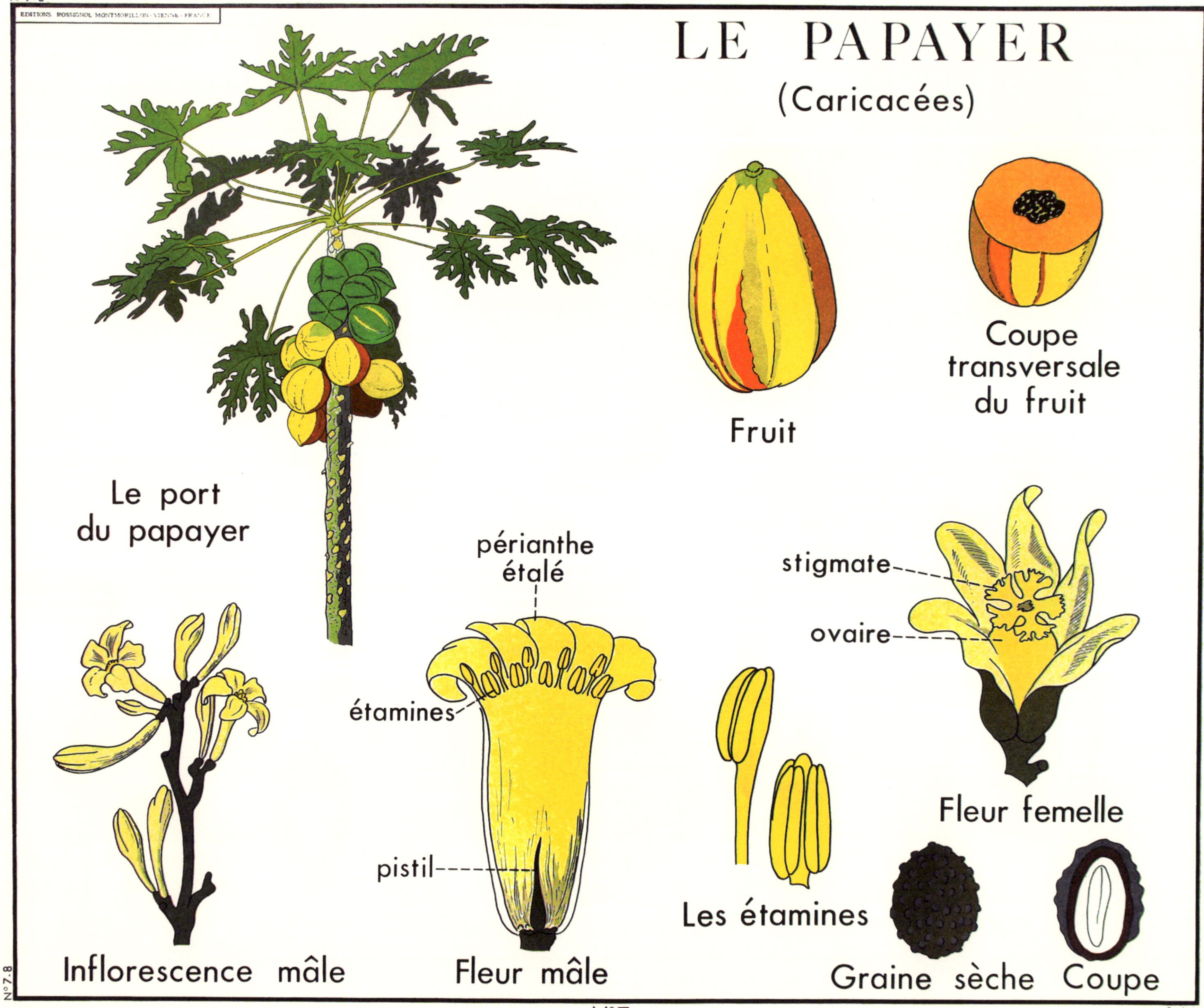
EDITIONS ROSSIGNOL MONTMORILLON - VIENNE - FRANCE
LE PAPAYER
(Caricacées)
Le port
du papayer
Fruit
Coupe
transversale
du fruit
périanthe
étalé
étamines
pistil
stigmate
ovaire
Les étamines
Fleur femelle
Inflorescence mâle
Fleur mâle
Graine sèche
Coupe
N°7-8
N°7-8
N°7-8

EDITIONS ROSSIGNOL MONTMORILLON - VIENNE - FRANCE
LE BANANIER
(Musacées)
Fleur
style
rachis
régime vert sur un bananier
bractée
Extrémité de l'inflorescence
étamine fertile
rejet
Coupes de la banane
Régime mûr
Main
Axe ou rachis
N° 3.4

N° 3

N°2-1
EDITIONS ROSSIGNOL MONTMORILLON - VIENNE - FRANCE
LE MANGUIER
(Anacardiacées)
inflorescence
étamine fertile
pétale
sépale
disque
pistil
ovaire
étamine stérile
Fleur (coupe)
Mangue mûre
grappe de mangues
fibre
graine
Bouton
Noyau
embryons multiples de la graine
coupe transversale du fruit
N°2

N°4.3
EDITIONS ROSSIGNOL MONTMORILLON - VIENNE - FRANCE
L'ANANAS
(Broméliacées)
pétales
bractées
Fleur
couronne
Jeune inflorescence
pistil
étamines
ovaires
Coupe de la fleur
bractées
Coupe
transversale du fruit
Pied d'ananas
Bouture
Coupe longitudinale
N°4

formulé de cette manière, on me suggère de me limiter à du dressage. Concéder aux indigènes quelques notions de langage, d'écriture, de calcul afin qu'ils puissent comprendre les ordres du Blanc. En faire des sortes d'automates obéissant à notre moindre sollicitation. Je n'aurais pas persévéré dans cette voie, à Aix, si j'avais su que l'école africaine était en fait une école de boys. J'ai appris de plus que nos élèves étaient des « privilégiés » puisque cette année, dans l'A-OF, le pourcentage des enfants scolarisés dépasse tout juste la barre des 3 % en incluant les effectifs de l'enseignement confessionnel où le niveau est encore plus bas que le nôtre.

J'espère que tout cela va évoluer dans un sens plus conforme aux valeurs républicaines et que la nouvelle loi qui vient d'être adoptée à Paris, à l'initiative du député-maire de Dakar, Amadou Lamine-Guèye, servira d'accélérateur aux réformes : elle élève en effet au rang de citoyens tous les ressortissants de nos territoires d'outre-mer. Il y a deux semaines, c'était le travail forcé, responsable de tant de malheurs, que l'Assemblée nationale avait enfin interdit.

Sinon, j'ai reçu une carte de Jean-Pierre qui a été nommé en Indochine comme il le souhaitait. Il doit t'écrire prochainement. En attendant, il me dit de te passer le bonjour, et j'y joins mon amitié la plus fidèle.

Armand. »

L'école
La famille
Noël
R.Bresson

Le fonds classique des écoles rurales finissait par être un dépotoir de livres dépareillés. L'école de Kédougou (Sénégal oriental) possédait, l'année même de son ouverture, en 1907-1908, 44 manuels différents dans un nombre d'exemplaires variant de 1 à 21. Les quatre méthodes de lecture les plus courantes étaient représentées à Podor, en 1914, mais il n'était pas possible de réunir 10 exemplaires de la même espèce, si bien que les élèves étaient obligés de suivre la leçon de lecture à trois ou quatre sur le même livre. »

Citation d'un permissionnaire, 1902

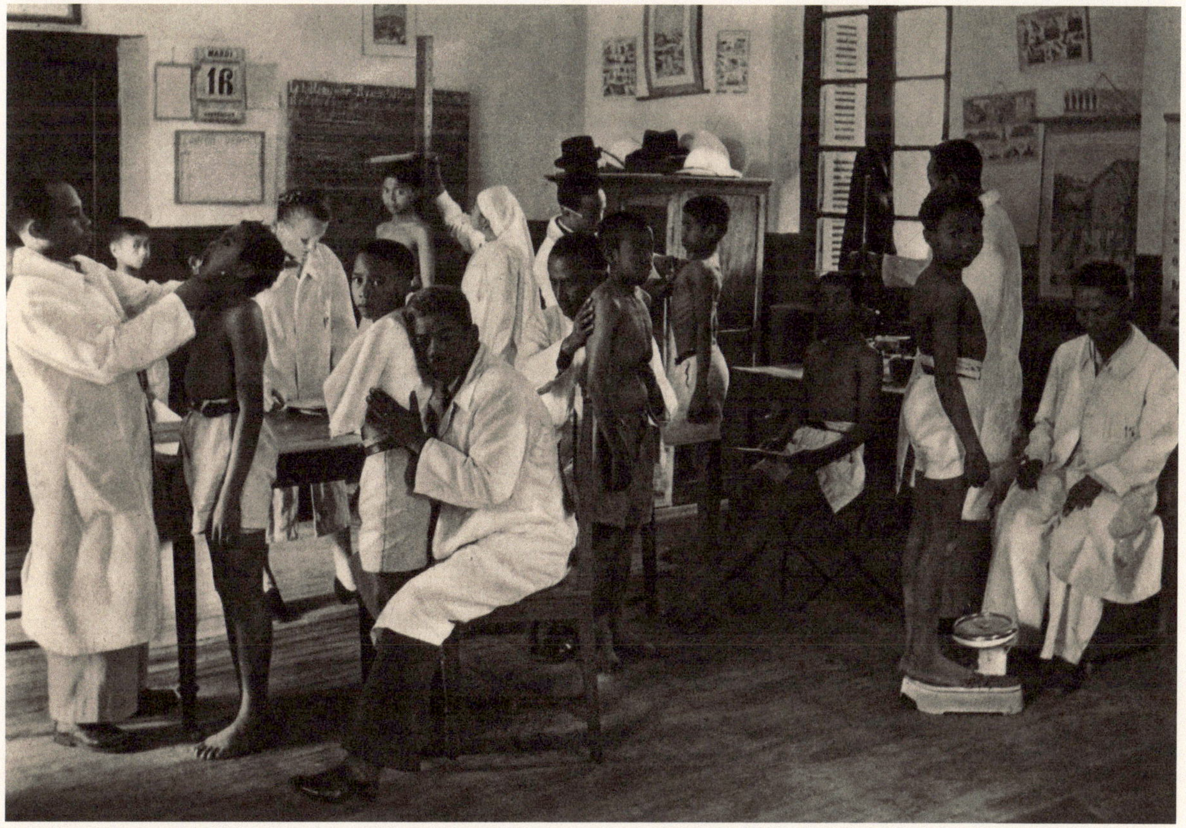

CHAPITRE 6

Aujourd'hui dimanche 2 juin 1946, l'école a été transformée en bureau de vote pour les élections législatives. Derrière l'urne que le caïd ne quitte pas des yeux, chacun peut lire le cours de calcul du vendredi sur le tableau noir : « Un fermier transporte au moulin 20 sacs de blé pesant 85 kilos chacun, et 200 kilos d'orge. 1°) Combien pèsent les 20 sacs de blé ? 2°) Quel est le poids total du chargement ? » Les élèves parviennent presque tous à la solution, et je n'imaginais pas en être là quand, en septembre, je m'aidais d'un jeu de dominos pour leur apprendre les chiffres. Ils savent tous que 1 plus 1 font 2, même si ce soir, au moment du dépouillement des votes, le premier collège électoral formé par les 900 000 Algériens d'origine européenne enverra 15 députés à l'Assemblée nationale, tandis que le deuxième collège qui compte lui près de 9 millions d'Algériens musulmans en désignera également 15. Les mathématiques appliquées à la politique coloniale aboutissent à ce que 1 soit égal à son dixième ! Pour le même travail un ouvrier européen gagne 6 000 francs lorsque l'ouvrier musulman doit se contenter de quatre fois moins. Pas de chômage pour les premiers, l'exil massif pour les autres. La mortalité infantile est de 18 % pour les femmes musulmanes, un peu plus de 4 % pour les Européennes. Ce ne sont pas des réflexions que je peux étaler sur la place publique ni même soutenir devant les rares fonctionnaires qu'il m'arrive de croiser lors des cérémonies officielles. On me traiterait de « philanthrope » pour rester poli, et « d'indigénophile » dès que j'aurais le dos tourné. Ils ont pourtant les mêmes réalités que moi sous les yeux : les quartiers des villes séparés entre quartier français et quartier arabe, quand il n'est pas appelé « quartier nègre », les routes d'accès aux belles demeures carrossables, bien entretenues, pour les uns et les chemins bosselés, impraticables, où les autres se terrent dans leurs gourbis. Le « marchi francciss » avec ses halles, ses boutiques bien approvisionnées posées sur béton, lavées à grandes eaux, et le « marchi a'rab » écrasé par le soleil, envahi par la poussière que soulève le moindre souffle de vent. Rien de tout cela ne transpire dans ce que je suis

division

:

partager

la part

divisé par

quatre divisé par deux égale deux

$$\begin{array}{c|c} 4 & 2 \\ \hline 0 & 2 \end{array}$$

4 : 2 = 2

quatre divisé par quatre égale un

$$4 : 4 = 1$$

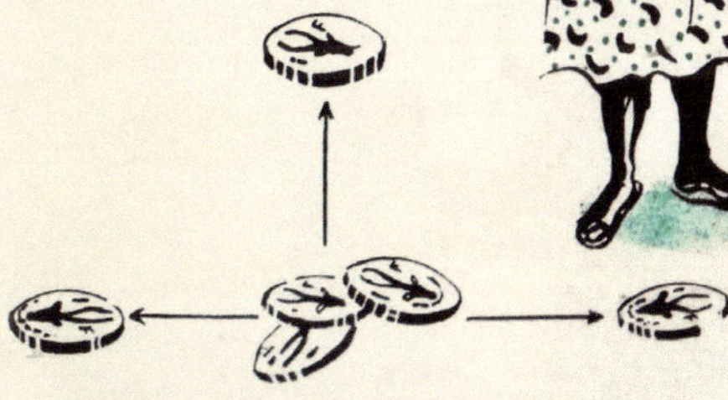

$$3 : 3 = 1 \qquad 2 : 2 = 1$$

Exercices : Faire imaginer des problèmes correspondants aux opérations proposées.
Pour le maître : consacrer plusieurs leçons à cette page.

5 cinq

5 cinq

4+1=5 *quatre plus un égale cinq* *2+2+1=5*

3+2=5 *3+1+1 =5*

5   5 - 1 = 4   5 - 2 = 3   5 - • = 2   • - 4 = 1

Exercices : 1. Compter de 1 à 5. Décompter de 5 à 1.

2. Ecriture des cinq premiers nombres. Formation de 5 avec le matériel.

3. Réaliser les opérations de cette page avec le matériel.

4. Rendre la monnaie sur cinq francs (problèmes simples de marché).

5 3 — 2 = .   4 + . = 5   2 + . = .   2 × 2 = .   4 : 2 = .

chargé de transmettre. Toutes ces images occupent mon esprit, comme en surimpression, tandis qu'ils récitent la leçon : « Ma mère pile le mil et le maïs, fait cuire le couscous, file la laine et le coton ; elle coud les boubous aussi bien que le tailleur. » Même quand l'actualité la plus brûlante cogne au carreau, tout doit demeurer rigoureusement étanche. Un détachement de l'armée passe devant l'école alors que je commence à leur lire un livre qui vient de paraître en métropole, et que mes parents m'ont envoyé dans leur dernier colis :

« Lorsque j'avais six ans j'ai vu, une fois, une magnifique image, dans un livre sur la forêt vierge qui s'appelait *Histoires vécues*. Ça représentait un serpent boa qui avalait un fauve… »

Je poursuis ma lecture malgré la tension que je sens monter dans la salle :

« J'ai ainsi vécu seul, sans personne avec qui parler véritablement, jusqu'à une panne dans le désert du Sahara, il y a six ans. Quelque chose s'était cassé dans mon moteur. »

L'écho d'une détonation conclut la phrase, puis plusieurs rafales d'armes automatiques se font entendre à proximité immédiate, se répercutant contre les montagnes. Je referme précipitamment mon exemplaire du *Petit Prince* alors que mes élèves, le regard inquiet, rentrent la tête dans les épaules. Je confie la classe à Kahoul, qui a obtenu les meilleures notes depuis le début de la semaine, pour aller aux nouvelles. Sur une petite place ombragée, à cent mètres, un corps est allongé. J'ai le temps de voir les yeux grands ouverts sur le néant avant que le caïd ne rabatte un pan déchiré de la gandoura du mort sur son visage.

– C'était l'un des émeutiers de Sétif. Il se cachait depuis des mois dans les grottes. Je le connais, c'est un cousin des Daïff. Vous en avez deux dans votre classe… La faim l'a obligé à sortir de son terrier.

Je retourne à l'école où aucun élève ne me pose de question. Je n'ai pas le cœur à reprendre la lecture du texte de Saint-Exupéry et les libère dès le départ des soldats. Un an plus tôt, le 8 mai 1945, j'étais à Aix où nous avions fêté la capitulation de l'Allemagne nazie, huit jours après le suicide d'Adolf Hitler. Comme l'immense

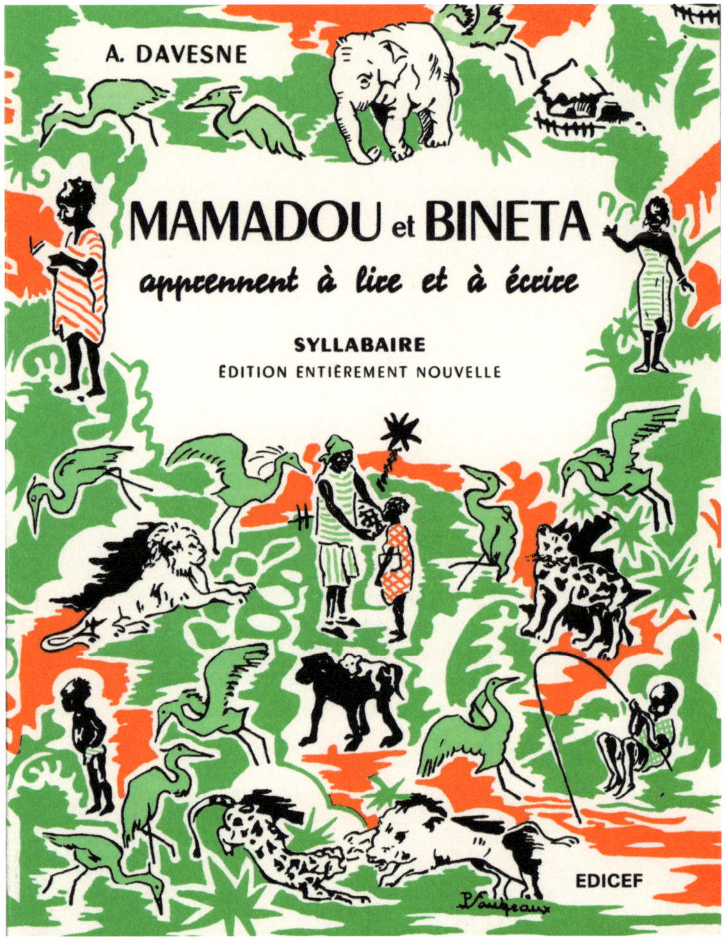

Ma famille

Mon père est grand et fort ; il cultive nos champs, il travaille beaucoup.

Ma mère pile le mil et le maïs, fait cuire le couscous, file la laine et le coton ; elle coud les boubous aussi bien que le tailleur.

Mon grand-père est très vieux ; ses oreilles n'entendent plus, il est sourd.

Boubakar, mon frère, est tirailleur ; il a sur sa poitrine deux médailles ; mais il est loin, très loin, au pays des Blancs.

Ma sœur Bineta est une petite fille très jolie ; Aboudou, mon jeune frère, est un bébé.

J'aime bien toute ma famille.

J'aime bien toute ma famille.

111

Le vieux Sédi

Le soleil est levé. Tout le monde est au travail. Maman lave les boubous au marigot ; papa pioche le champ ; Bineta pile le mil ; Babadi est à l'école.

Là-bas, le forgeron tape dans sa forge, le tisserand tisse la laine et le coton, le pêcheur jette ses filets dans la rivière.

Le vieux Sédi dort

Mais le vieux Sédi est fatigué, il est assis dans un fauteuil, il chasse les mouches avec un éventail ; il a sommeil, il baisse la tête, ferme les yeux ; il dort.

Chut ! laissons-le dormir.

Tout le monde est au travail.
Seul Sédi dort dans un fauteuil.
Il est très vieux ; il est fatigué.

113

majorité des Français je n'avais rien su des événements qui, le même jour, avaient ensanglanté la Kabylie, et c'est en arrivant à l'école normale d'Alger, à Bouzaréah, que j'en avais entendu parler : lors d'une manifestation d'indigènes, les slogans contre le fascisme avaient laissé place à d'autres mots d'ordre condamnant le colonialisme ou exigeant l'indépendance. La gendarmerie avait fait usage de ses armes, tuant à Sétif un jeune scout, Bouzid Saâl. À la tombée de la nuit, près d'une centaine d'Européens avaient été exécutés par les émeutiers, en représailles. Ce n'est que bien plus tard, grâce aux confidences des habitants de Tigali, que j'ai appris ce qui avait suivi. Les trois armées, terre, air, mer, avaient été mises sur le pied de guerre. Ratissage, pilonnage des douars par les canons à longue portée des navires, bombardements. On a évoqué devant moi plusieurs milliers de victimes musulmanes dont des centaines imputables à des milices d'autodéfense spontanément formées par des civils. Le père de Saad ben Nidjel, l'un de mes élèves, faisait partie du 7e régiment de tirailleurs algériens qui avait laissé un tiers de ses effectifs dans les combats de libération de l'Alsace. Il a débarqué à Sétif une semaine après les massacres et refuse depuis de porter la médaille de combattant dont la France l'a honoré. Le général Duval, qui a commandé les opérations de répression, se vante de nous avoir donné la paix pour dix ans. Ce que j'ai vu tout à l'heure, sur la petite place de Tigali, m'incite à penser que, quelquefois, le cours de l'histoire s'accélère.

J'ai essayé d'aborder le sujet avec l'administrateur communal lors d'une de ses tournées d'inspection. Je l'ai senti mal à l'aise, et il a fini par expulser ces trois phrases sur lesquelles je n'ai pas fini de méditer :

« Continuez votre travail… La force réprime pour un temps. L'instruction enchaîne pour toujours. »

Je construis
tu construis...
nous construisons
l'Afrique nouvelle
MASSACRIER

je parle français
tu parles français
il parle français
nous parl
Mauritanie
Mali
Haute-Volta
Niger
Tchad
Sénégal
Guinée
Togo
Côte d'ivoire
Dahomey
Cameroun
Rep Centrafricaine
Congo
Gabon
Madagascar
France
N
O
E
S
MASSACRIER

CHAPITRE 7

La fusillade du mois dernier a changé l'ambiance à Tigali. La tension est permanente. On ne m'invite pratiquement plus à franchir le seuil des maisons, certains même m'évitent. Le facteur dépose le courrier sur le rebord de la fenêtre et tourne les talons. C'est tout juste s'il me dit bonjour, lui qui acceptait d'habitude de bavarder en buvant un verre de citronnade. Je déchire la bande d'envoi de *L'Équipe*, le tout nouveau journal sportif auquel je me suis abonné. Je commence à lire l'article consacré au Monaco-Paris, une course cycliste en cinq étapes qui remplace le Tour de France et pour laquelle Robic et Vietto sont favoris, avant de remarquer une lettre dont le timbre porte une oblitération exotique. Le mot «Vietnam» surcharge au tampon gras celui d'«Indochine». Je déchire l'enveloppe.

«Cao Bang, le 12 juin 1946,

Mon cher Roger,

Après mon arrivée en Indochine, de sérieux problèmes de santé (une sorte de fièvre des marais très éprouvante) ont retardé mon affectation. J'ai exercé plusieurs semaines à Hanoï, une ville marquée par les bombardements américains de la fin de la guerre. Les établissements scolaires étant encore fermés, j'ai donné des cours dans le hall d'un superbe hôtel, le *Métropole*, où Charlie Chaplin a passé sa lune de miel avec Paulette Goddard. Cela fait maintenant quatre mois que je suis au travail dans une petite ville de la province de Cao Bang, à trois cents kilomètres de la capitale, près de la frontière chinoise. Je me souviens combien tu te moquais de moi, avec ta complice Marie-Joëlle, quand je me laissais aller, naïvement, à évoquer les raffinements des cultures asiatiques... Vous mettiez en avant votre sens du sacrifice, vous qui vous destiniez à l'édification des peuplades arriérées d'Afrique, à l'éducation des tribus rebelles du désert et au changement de régime alimentaire des anthropophages d'Océanie, alors que j'avais choisi la facilité, le confort, en allant à la rencontre de civilisations supérieures. Il vous suffisait de vous appuyer sur nos manuels, le Boucau de 1937 par

« Payons nos impôts, acquittons
nos dettes. Mettons de côté
quelques sacs de grains,
Nous pourrons alors chanter
à tue-tête...
Salut, France, et gloire à ton nom,
Nous t'aimons comme notre mère,
Car c'est à toi que nous devons,
La fin de toutes nos misères... »

Le Chant à l'école indigène, Georges Hardy

44 - LA RIZIÈRE

CARTE N° 29

INDOCHINE FRANÇAISE

par PIERRE DEFFONTAINES

A. DEMERSSEMAN del. & lith. Paris

LIBRAIRIE HATIER 8, Rue d'Assas, Paris.

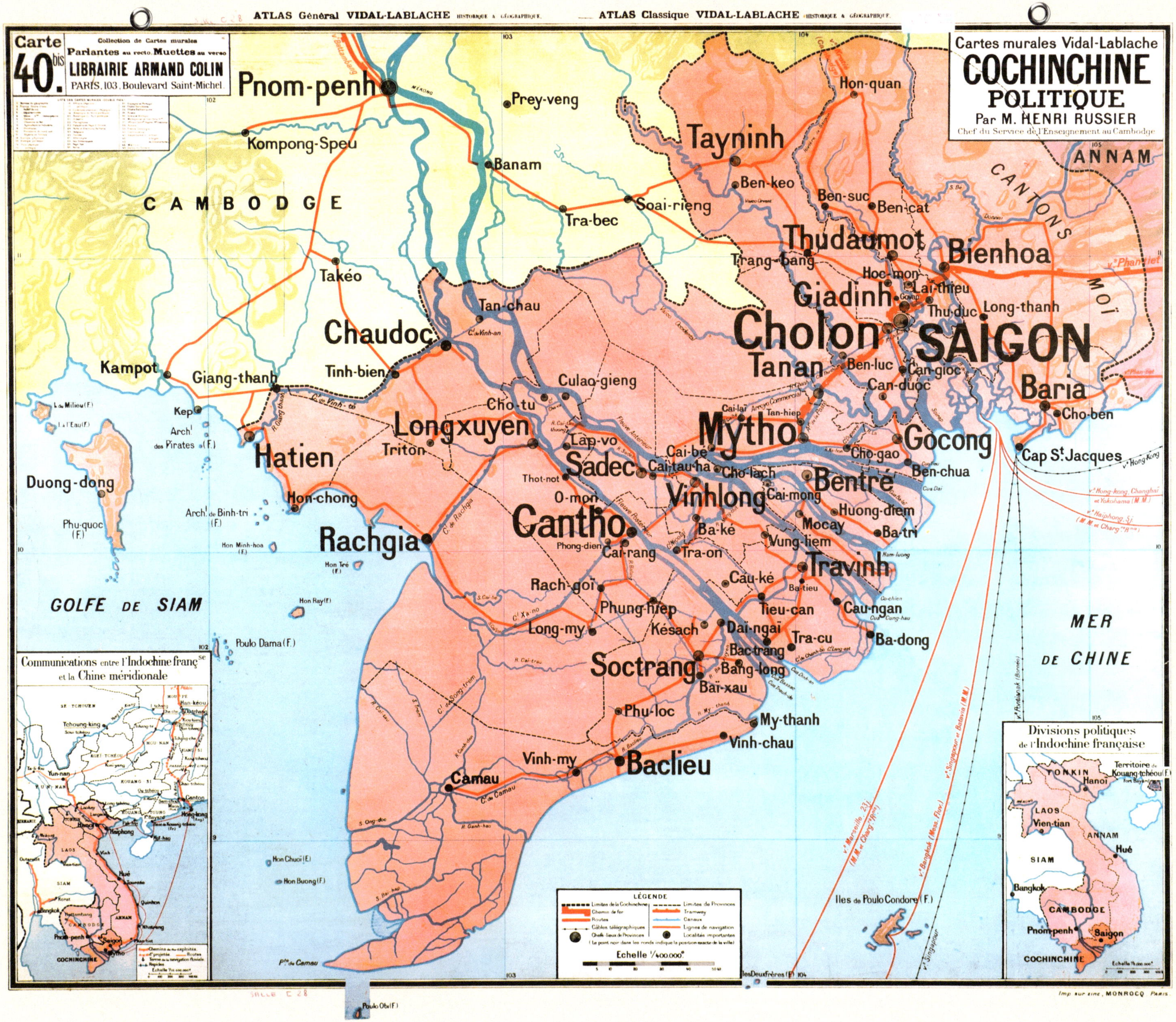

ATLAS Général VIDAL-LABLACHE HISTORIQUE & GÉOGRAPHIQUE
ATLAS Classique VIDAL-LABLACHE HISTORIQUE & GÉOGRAPHIQUE
Carte 40 bis
Collection de Cartes murales Parlantes au recto Muettes au verso
LIBRAIRIE ARMAND COLIN
PARIS, 103, Boulevard Saint-Michel
Cartes murales Vidal-Lablache
COCHINCHINE
POLITIQUE
Par M. HENRI RUSSIER
Chef du Service de l'Enseignement au Cambodge
CAMBODGE
ANNAM
CANTONS MOÏ
GOLFE DE SIAM
MER DE CHINE
Pnom-penh
Prey-veng
Kompong-Speu
Banam
Soai-rieng
Tra-bec
Takéo
Kampot
Giang-thanh
Tinh-bien
Chaudoc
Tan-chau
Hatien
Kep
Arch! des Pirates (F.)
Duong-dong
Phu-quoc (F.)
Hon-chong
Rachgia
Longxuyen
Triton
Culao-gieng
Cho-tu
Lap-vo
Sadec
Thot-not
O-mon
Cantho
Phong-dien
Cai-rang
Rach-goï
Long-my
Phung-hiep
Késach
Soctrang
Bac-trang
Bang-long
Baï-xau
Phu-loc
My-thanh
Vinh-chau
Baclieu
Vinh-my
Camau
Tayninh
Hon-quan
Ben-keo
Ben-suc
Ben-cat
Thudaumot
Trang-bang
Hoc-mon
Lai-thieu
Bienhoa
Giadinh
Thu-duc
Long-thanh
Cholon
SAIGON
Tanan
Ben-luc
Can-gioc
Can-duoc
Baria
Cho-ben
Cap St Jacques
Mytho
Gocong
Cho-gao
Ben-chua
Cai-be
Cai-lay
Tan-hiep
Cai-tau-ha
Cho-lach
Vinhlong
Cai-mong
Bentré
Huong-diem
Mocay
Ba-tri
Vung-liem
Ba-ké
Tra-on
Travinh
Cau-ké
Ba-tieu
Tieu-can
Cau-ngan
Daï-ngai
Tra-cu
Ba-dong
Hon Minh-hoa (F.)
Hon Tré (F.)
Hon Ray (F.)
Poulo Dama (F.)
Hon Chuoi (F.)
Hon Buong (F.)
Pte de Camau
Poulo Obi (F.)
Iles de Poulo Condore (F.)
Iles Deux frères (F.)
Communications entre l'Indochine franç.se et la Chine méridionale
Divisions politiques de l'Indochine française
TONKIN
Hanoï
Territoire de Kouang-tchéou (F.)
LAOS
Vien-tian
ANNAM
Hué
SIAM
Bangkok
CAMBODGE
Pnom-penh
Saigon
COCHINCHINE
LÉGENDE
Limites de la Cochinchine
Limites de Provinces
Chemin de fer
Tramway
Routes
Canaux
Câbles télégraphiques
Lignes de navigation
Chefs-lieux de Provinces
Localités importantes
(Le point noir dans les ronds indique la position exacte de la ville)
Echelle 1/400.000e
Imp. sur zinc, MONROCQ Paris

exemple, qui nous apprend que les 16 millions d'Annamites "sont de couleur jaune, avec des yeux bridés, de petite taille, voire d'aspect chétif. Ce sont aujourd'hui des nhaquoués, des paysans travailleurs et d'intelligence aiguisée, sans aptitude commerciale". Sinon, pour trouver matière à plaisanterie, vous vous plongiez dans le Fallex, Gibert et Ozouf de 1935 pour me servir que les Annamites "sont petits, doux, actifs, intelligents, un peu fourbes, et aiment passionnément le jeu et les spectacles". Je me souviens même que vous n'aviez pas hésité à ressortir le Josset de 1901 : "L'Annamite est insouciant, négligent, imprévoyant. Il est si léger qu'il ne garde même pas sur sa récolte assez de grains pour ensemencer son champ. Il vend tout son riz, et, aussitôt qu'il a de l'argent, se hâte de le dépenser, de le perdre au jeu." La réalité que j'ai découverte ici est un peu différente. Pas de cinéma, pas de théâtre ni de casino ! Les paysans, appartenant principalement à l'ethnie Tay, sont dans les champs de maïs, de patates douces, dans la boue des rizières, du lever au coucher du soleil, et je ne suis jamais tombé sur la lumière noire d'un tripot quand je traverse le village endormi. L'école manquait de tout jusqu'à la semaine dernière et aujourd'hui, c'est la profusion. Tu ne vas pas me croire, mais j'ai bénéficié d'un parachutage "pédagogique" de l'armée. C'est le seul moyen d'acheminer du matériel sans risquer de tomber dans les embuscades du Viêt-minh. Il y avait deux petits conteneurs remplis de cahiers, de crayons, de blouses, de planches murales représentant le continent asiatique, la faune et la flore de toutes ces régions. Je suis allé les récupérer dans une vallée proche avec les membres de l'Administration et un groupe de cultivateurs. On a tout ramené sur un tombereau tiré par des buffles. Les manuels ne sont pas de première fraîcheur. Je me retrouve avec des séries complètes de livres de savoir-vivre qui n'ont plus cours depuis des décennies. On y apprend à se méfier du coiffeur indigène qui triture les oreilles de ses clients avec des instruments douteux. L'enseignement français se réorganise peu à peu à partir du pays Tay et des villages pacifiés du delta du fleuve Rouge. La situation est très compliquée : après la défaite militaire de l'Empire du Soleil levant, tout le monde pensait que la France retrouverait la pleine possession de l'Indochine

« L'Indochine est pour la France, en Extrême-Orient, ce que sont la Tunisie dans la Méditerranée et Madagascar dans l'océan Indien, une possession indispensable à la protection et au développement de notre empire colonial. »

Lectures courantes des écoliers français, Caumont, 1876

passée un temps sous la coupe du Japon. Le communiste Hô Chi Minh a pris tout le monde de court en proclamant l'indépendance. On a débaptisé les rues Paul Bert, Jules Ferry, Amiral Courbet, Commandant Rivière, en scandant "Éliminons les symboles de notre humiliation", alors même que tous les dirigeants qui entourent le chef viet-minh sont issus de nos écoles, que certains ont fréquenté la Sorbonne ! Le créateur de leur armée populaire, Võ Nguyên Giáp, est titulaire d'une licence d'histoire, matière qu'il a longtemps enseignée. C'est, dit-on, un grand connaisseur de la révolution de 1789 et un admirateur du général Bonaparte au point qu'on le surnomme Napoléon. Pour supplanter le français, pilier de notre influence, Hô Chi Minh a lancé un programme d'alphabétisation en langue locale qui mobilise d'incroyables énergies. Il se vante d'avoir obtenu davantage de résultats en quelques mois que nous en un demi-siècle. Il y a une semaine, la France a reconnu "la République de Viêtnam comme un État libre ayant son gouvernement, son parlement, son armée et ses finances, faisant partie de la Fédération indochinoise et de l'Union française". Sauf que la situation est vraiment précaire, qu'il ne se passe pas un jour sans un attentat, un guet-apens. Une grenade avant-hier dans la cour d'une école de jeunes filles, à Saïgon. Tout le monde s'accorde à penser qu'il suffirait d'une étincelle pour que cela débouche sur une guerre. On apprend aux enfants à ne pas jouer avec les allumettes, mais les leçons se perdent à tout jamais quand ils deviennent adultes !

Avec mon meilleur souvenir.

Ton ami, Jean-Pierre. »

Je range sa lettre mais ne trouve pas le courage de lui répondre de manière aussi détaillée. Je me contente de griffonner quelques mots convenus sur une carte postale représentant les ruines romaines de Tigzirt. C'est seulement en collant le timbre que je lis la phrase imprimée sous l'indication du lieu : « La France continue l'œuvre de Rome en civilisant avec plus d'humanité. »

FRANCE D'OUTRE-MER PL. IV - L'INDOCHINE

LIBRAIRIE DELAGRAVE

SCÈNES DE LA VIE INDOCHINOISE

Imp. Crouan & Roques, Lille. Paris.

« Sous l'influence de la France, le Noir inerte devient un serviteur docile dont la force physique s'applique à un travail utile ; le bandit soudanais un combattant discipliné dont le mépris de la vie se transforme en vaillance héroïque, l'Asiatique souple et avisé, un soldat alerte ou un intelligent auxiliaire de commerce. Partout la France met heureusement en œuvre le concours de l'indigène, soit pour consolider sa domination, soit pour en aider le développement. »

La Géographie par l'image et la carte, 1923

COLLECTION DE LIVRES CLASSIQUES
pour l'Enseignement élémentaire indochinois

Cet enseignement étant donné dans la langue maternelle, les manuels de cette collection comportent :
une édition en langue annamite, avec texte adapté aux pays annamites,
une édition en langue cambodgienne, avec texte adapté au Cambodge,
une édition en langue laotienne, avec texte adapté au Laos etc...

Paris
N° 29773

MANUEL DE MORALE

COURS ENFANTIN

Édition des Écoles Annamites

MINISTÈRE DE L'INSTRUCTION PUBLIQUE
MUSÉE PÉDAGOGIQUE

TRADUCTION FRANÇAISE
publiée pour l'Exposition Coloniale Internationale de 1931
Édité par
LA DIRECTION GÉNÉRALE DE L'INSTRUCTION PUBLIQUE EN INDOCHINE

Prix de l'édition annamite 0 $ 03 (piastre indochinoise) c'est-à-dire 0 f. 30

Franchise envers les parents
La franchise est une qualité précieuse. L'enfant doit se montrer franc non seulement avec ses parents, mais avec tout le monde.

L'attention
L'élève bavard est dissipé, ne peut pas faire de progrès. Le bon écolier a toujours l'esprit tendu vers ce que dit le maître. Il est attentif et appliqué.

Aide aux parents
Les enfants doivent, en toutes circonstances, aider leurs parents de toute leur force. De la sorte, ils leur témoignent leur reconnaissance et en même temps ils leur font plaisir.

L'école
C'est à l'école qu'on se prépare à la vie en s'instruisant. Aussi notre intérêt le plus évident est-il d'aller à l'école et d'y bien travailler.

La famille
Il n'est pas de plus grand bonheur que d'avoir une famille. C'est dans la famille que l'enfant grandit, se développe et apprend à devenir un homme.

Respect dû au maître
Nos parents nous ont donné la vie du corps. Nos maîtres nous donnent celle de l'esprit. Nous devons les respecter au même titre que nos parents.

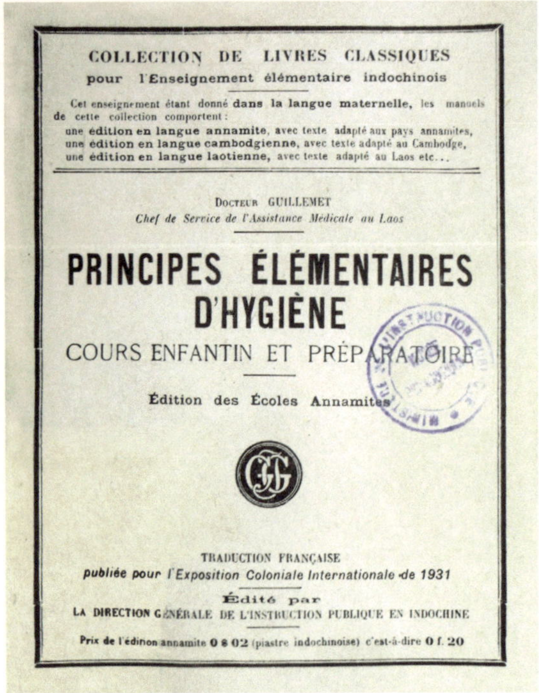

COLLECTION DE LIVRES CLASSIQUES
pour l'Enseignement élémentaire indochinois

Cet enseignement étant donné **dans la langue maternelle**, les manuels de cette collection comportent :
une **édition en langue annamite**, avec texte adapté aux pays annamites,
une **édition en langue cambodgienne**, avec texte adapté au Cambodge,
une **édition en langue laotienne**, avec texte adapté au Laos etc...

DOCTEUR GUILLEMET
Chef de Service de l'Assistance Médicale au Laos

PRINCIPES ÉLÉMENTAIRES D'HYGIÈNE

COURS ENFANTIN ET PRÉPARATOIRE

Édition des Écoles Annamites

TRADUCTION FRANÇAISE
publiée pour l'Exposition Coloniale Internationale de 1931

Édité par
LA DIRECTION GÉNÉRALE DE L'INSTRUCTION PUBLIQUE EN INDOCHINE

Prix de l'édition annamite 0 $ 02 (piastre indochinoise) c'est-à-dire 0 f. 20

Vous ne respirez pas simplement par vos poumons, mais par tous les petits pores de la peau. Pour bien vous portez, ayez donc la peau propre. Lavez-vous tout le corps une fois par jour si possible, au moins deux fois par semaine, le jeudi et le dimanche, où l'on vous donne congé. Lavez-vous autant que possible avec du savon.

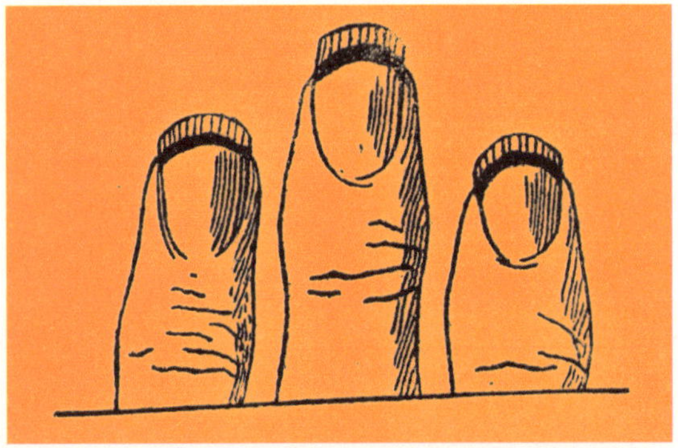

Les dangers de la malpropreté

Ne crachez jamais par terre. Lorsqu'un malade crache, lorsqu'il tousse ou éternue sans mettre son mouchoir devant sa bouche, il sème autour de lui des millions de germes de sa maladie qui peuvent vivre longtemps dans les endroits humides et sans lumière.

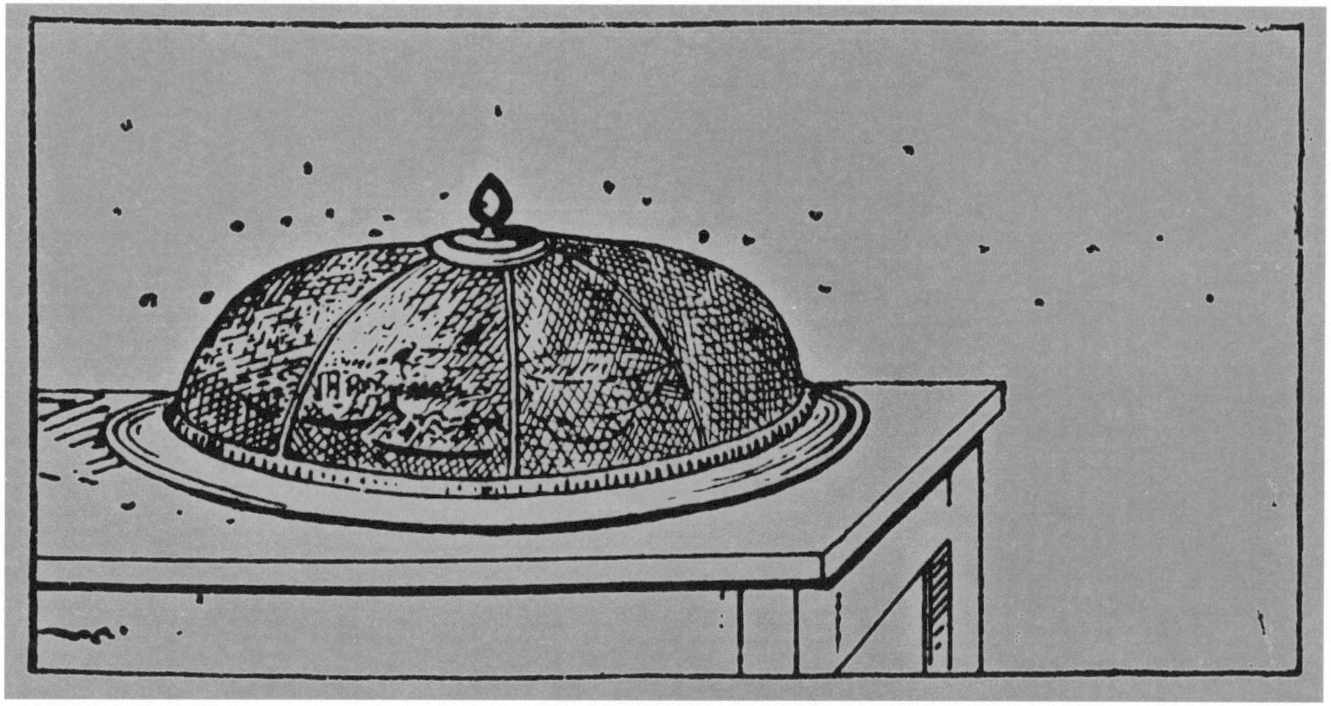

Couvrez vos aliments.

Après chaque repas, curez-vous les dents avec un cure-dent en bambou et brossez-vous les dents matin et soir.

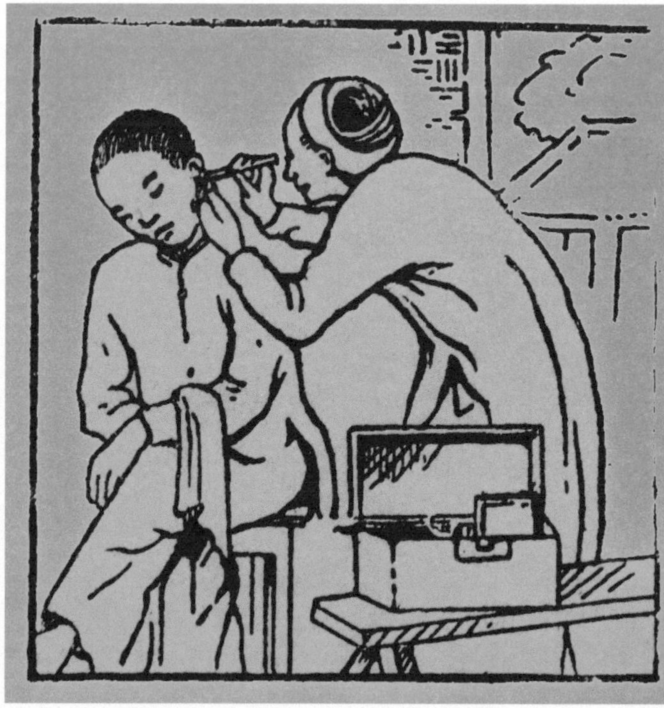

Le coiffeur indigène nettoie les oreilles de son client avec des instruments sales.

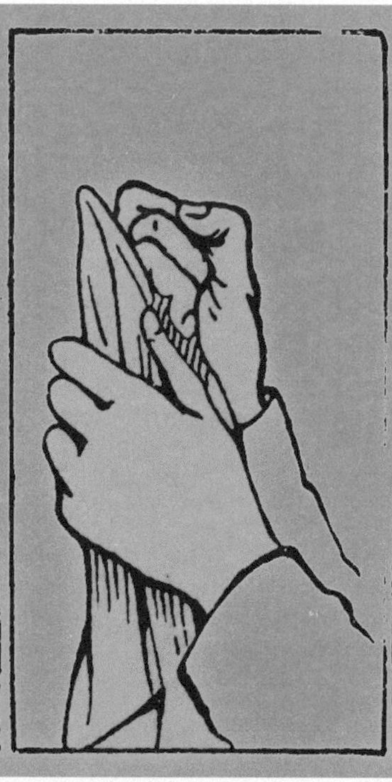

Comment il faut nettoyer les oreilles.

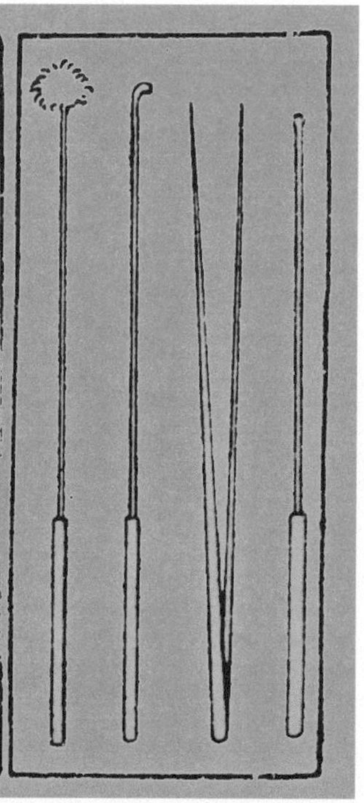

Instruments interdits pour le nettoyage des oreilles.

Si vous n'avez pas de brosse, servez-vous de linge propre enroulé autour d'un doigt. Pas d'exception : les filles comme les garçons.

CHAPITRE 8

La solitude me pèse de plus en plus après ces deux années passées à Tigali. J'attends avec impatience l'arrivée de Jeanne, ma fiancée, qui a fini par accepter de passer les vacances de Toussaint en Algérie. J'ai prévu de lui faire visiter la région d'Alger, d'aller nous promener à la Montagne des Singes où des centaines de macaques vivent en liberté, puis de l'emmener jusqu'aux portes du désert, à Bou Saâda. Après, j'aurai de quoi vivre pendant des mois sur les souvenirs. L'isolement est un fléau dont on devrait décrire les ravages aussi bien que ceux du termite ou de la mouche tsé-tsé.

Serdani, l'un de mes élèves les plus doués, est arrivé ce matin avec un cadeau. Le petit sac de jute qu'il m'a tendu frétillait. Il l'a entrebâillé avec précaution pour que je voie les yeux jaunes de la vipère à cornes qu'il contenait. On a étudié l'appareil venimeux des serpents sur carte, la semaine dernière, et il va me permettre de passer aux travaux pratiques en ayant soin, avant la dissection, d'endormir le reptile au chloroforme.

Ce midi au courrier, je reçois enfin une lettre de Patrick après des mois de silence imputables, très certainement, aux affrontements armés qui secouent Madagascar. Le timbre, qui viendra enrichir ma collection, a été émis pour le cinquantenaire du rattachement de la Grande Île à la France. Le général Gallieni, en médaillon dominant, y observe l'étendue de sa conquête et les réalisations accomplies par la métropole.

« Diego Suarez, 27 octobre 1947,

Cher Roger,

Relisant tes courriers et notamment celui où tu évoques les tragiques événements de Sétif, je ne pensais pas que je vivrais quelque chose de similaire ici, dans le décor paradisiaque de la baie d'Andovobazaha. Un pays de bananeraies, de champs de manioc, de maïs, et partout le miroir étincelant des rizières que je longeais avec mes élèves, il y a peu, pour les cours d'histoire naturelle... J'ai été obligé de quitter en urgence mon école de Mangaoka, il y a trois mois, et de me mettre sous la protection des militaires dans la ville garnison de Diego Suarez, à l'extrême nord de l'île. Le pays tout entier s'est mis en insurrection au printemps dernier pour réclamer l'indépendance. On a fait venir en toute hâte des troupes de Djibouti, des régiments entiers de tirailleurs sénégalais,

Il découvrit que ces Canaques s'étaient logés de gros morceaux de bois dans le lobe de l'oreille ; l'un d'eux y avait même passé le tuyau de sa pipe.
Quant aux femmes, Paul déclara qu'elles étaient bien aussi laides que des guenons, ce qui était presque vrai : ces malheureuses, condamnées par leurs époux aux plus durs travaux, sont flétries de bonne heure, et leur chevelure crépue, leurs oreilles déchiquetées ne les embellissent pas, au contraire. »

À travers nos colonies, E. Josset, 1901

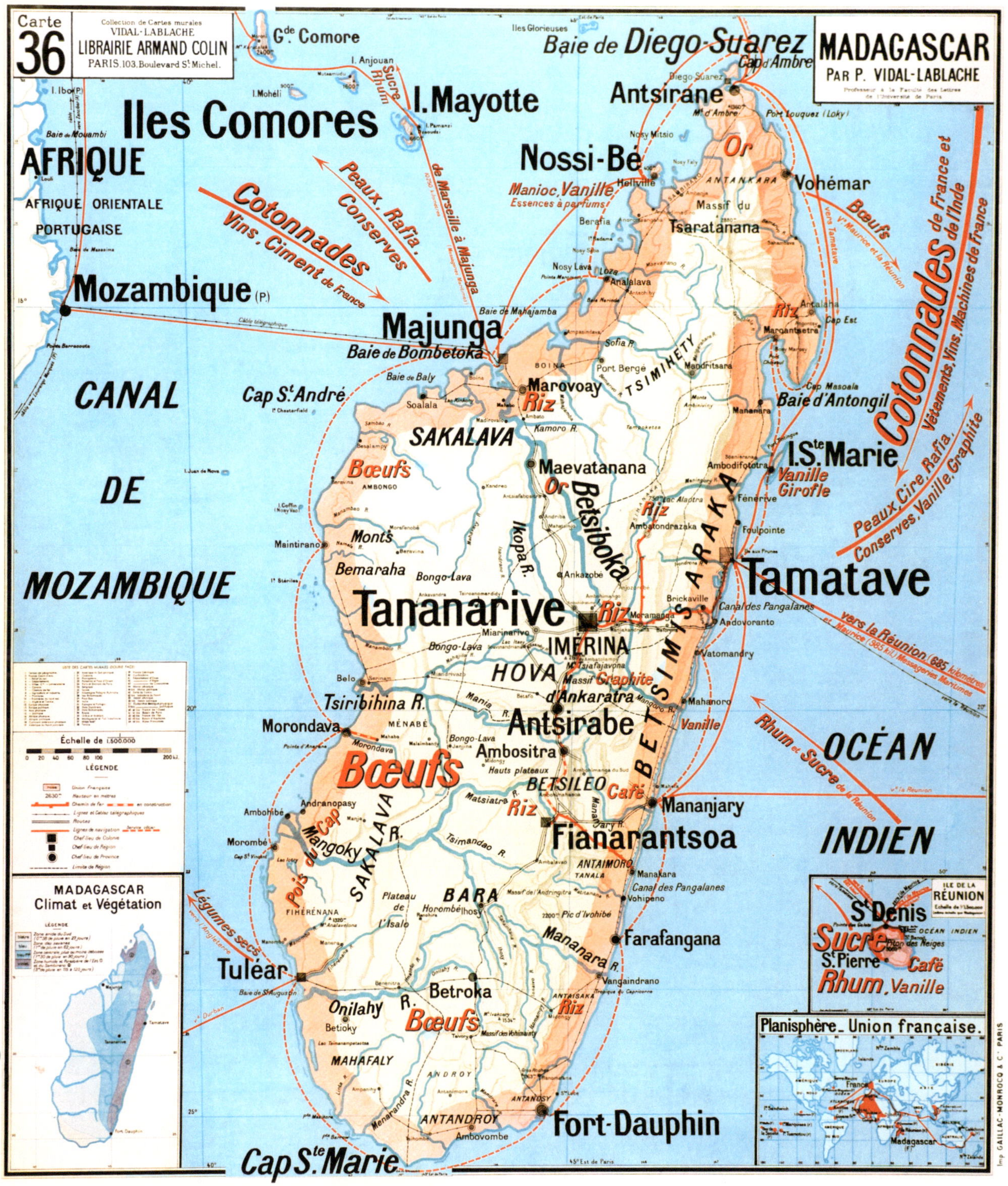
Carte 36
Collection de Cartes murales VIDAL-LABLACHE
LIBRAIRIE ARMAND COLIN
PARIS.103.Boulevard St Michel.
MADAGASCAR
PAR P. VIDAL-LABLACHE
Gde Comore
Iles Comores
I. Mayotte
I. Anjouan
I. Mohéli
AFRIQUE
AFRIQUE ORIENTALE PORTUGAISE
Mozambique (P.)
CANAL DE MOZAMBIQUE
Cotonnades
Vins, Ciment de France
Peaux, Rafia, Conserves
de Marseille à Majunga
Sucre Rhum
Baie de Diego-Suarez
Cap d'Ambre
Antsirane
Nossi-Bé
Manioc, Vanille
Essences à parfums
Or
Vohémar
Massif du Tsaratanana
Bœufs
Cotonnades de France et de l'Inde
Vêtements, Vins, Machines de France
Peaux, Cire, Rafia, Conserves, Vanille, Graphite
Majunga
Baie de Bombetoka
Marovoay
Riz
Cap St André
SAKALAVA
TSIMIHETY
Baie d'Antongil
I. Ste Marie
Vanille
Girofle
Maevatanana
Betsiboka
Ikopa R.
Monts Bemaraha
Maintirano
Tamatave
Tananarive
IMERINA
HOVA
Graphite
Massif d'Ankaratra
Antsirabe
BETSIMISARAKA
vers la Réunion (685 kilomètres) et Maurice (985 kil.) Messageries Maritimes
Tsiribihina R.
Morondava
Bœufs
Ambositra
BETSILEO
Café
Mananjary
OCÉAN INDIEN
Rhum et Sucre de la Réunion
Fianarantsoa
Mangoky
Pois du Cap
SAKALAVA R.
Plateau de l'Isalo
BARA
Farafangana
Mananara R.
Tuléar
Légumes secs vers l'Angleterre
Onilahy R.
Betroka
Bœufs
Riz
MAHAFALY
ANTANDROY
Fort-Dauphin
Cap Ste Marie
Échelle de 1.500.000
LÉGENDE
MADAGASCAR
Climat et Végétation
ILE DE LA RÉUNION
St Denis
Sucre
St Pierre
Café
Rhum, Vanille
Planisphère_ Union française.
Imp. GAILLAC-MONROCQ & Cie PARIS

algériens et marocains, des troupes comoriennes. Les villes et les villages ont été reconquis un à un avec le cortège de misère que traîne derrière elle toute guerre. On parle d'un millier de morts chez les militaires et de cinquante fois plus parmi les insurgés. Les rares Malgaches avec lesquels je parviens encore à parler ne cessent d'évoquer le massacre de la gare de Moramanga, au début du mois de mai : près de deux cents de leurs compatriotes enfermés dans des wagons à bestiaux puis mitraillés par l'armée. Cent cadavres. Et autant de blessés fusillés dans la foulée ! On a arrêté les députés îliens issus du deuxième collège, et on les menace de la peine capitale pour haute trahison. Il y a tout autour de moi un appétit forcené de liberté, une passion qui défie les dangers, et dans lesquels je retrouve ce qui animait les révolutionnaires de 1789, les barricadiers de 1848, et ceux plus près de nous qui ont refusé l'asservissement dès juin 1940, en bref tout ce que notre vocation d'enseignants nous demande de transmettre. Un peuple a la même soif que nous ! Que valent nos mots quand la réalité grimace à ce point ?

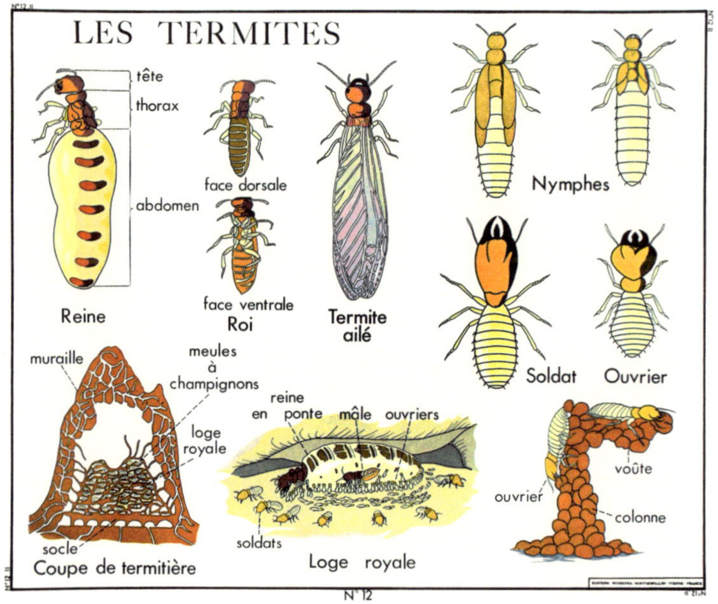

Et il faudra demain que je me pose à nouveau face à ma classe, devant des élèves écartelés entre les relations de confiance que nous avons nouées, et la désolation que mes semblables infligent à leurs proches. Je leur détaillerai la morphologie du termite à pièces buccales broyeuses, et ils ne verront que l'insecte soldat ruinant la case, la maison… Et que leur inspireront les planches colorées représentant le vautour au bec recourbé, aux serres acérées, le crocodile aux alignements de dents étincelantes, la hyène au rire glaçant ? Relisant les lignes que je viens de tracer, je vois bien que je me montre excessif, et c'est le mot "termite" qui m'en fait prendre conscience. La semaine dernière, lors d'une randonnée avec mes élèves, nous sommes tombés sur une clairière au sol bousculé par plusieurs termitières. Des constructions de près de trente centimètres de hauteur et autant de circonférence, à la base. L'une venait d'être à demi détruite par un promeneur, et nous avons fait cercle autour du cône éventré pour observer la réalité que nous ne connaissions que par le truchement d'une planche imprimée. La muraille faite d'une sorte de terre noire abritait des galeries menant à une multitude d'alvéoles de formes irrégulières. On distinguait des morceaux de racines, de bois, des herbes… L'un de mes élèves a crevé quelques-unes de ces cellules avec la pointe d'une badine, affolant des dizaines de termites qui y étaient cachés. Ils regardaient tous sans

« Beaucoup de Noirs ont un corps faible ou manquent d'intelligence ou ont la folie parce qu'ils fument du chanvre. L'État ne veut pas qu'on plante ou qu'on vende ou qu'on conserve ou qu'on fume du chanvre. Les hommes qui transgressent cette loi payent devant les juges 100 francs, 300, voire même 1 000 francs. Si l'argent leur manque, ils dorment en prison pendant deux mois, six mois, voire une année. »

Extrait d'un manuel de lecture des pères dominicains, 1953

LE CROCODILE

Un crocodile du Nil

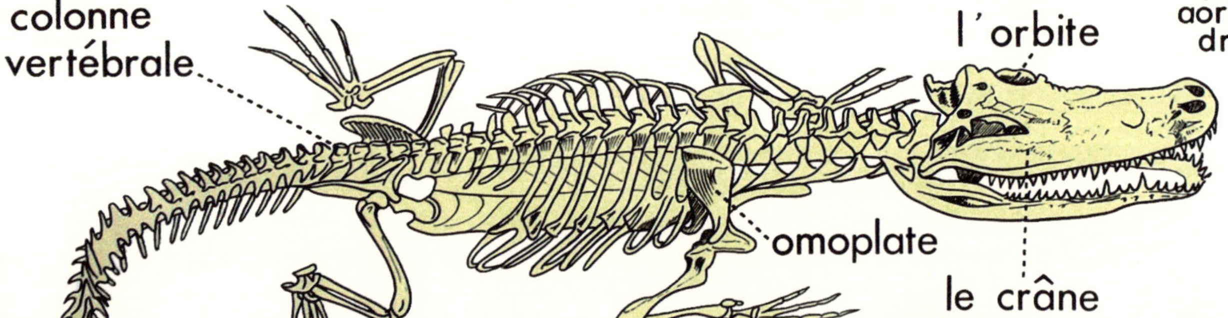

Le squelette

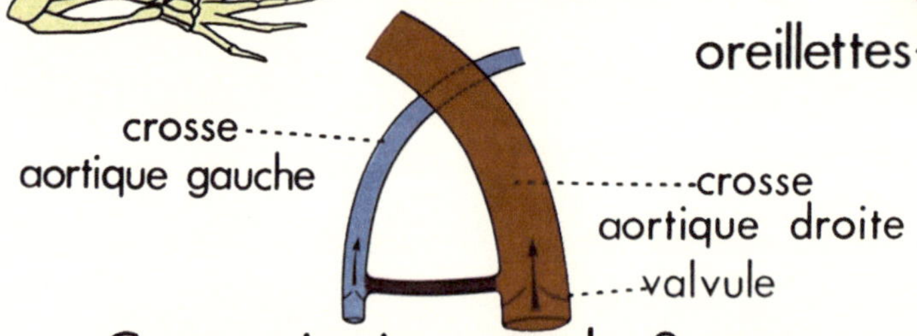

Communication entre les 2 crosses aortiques à la sortie du cœur

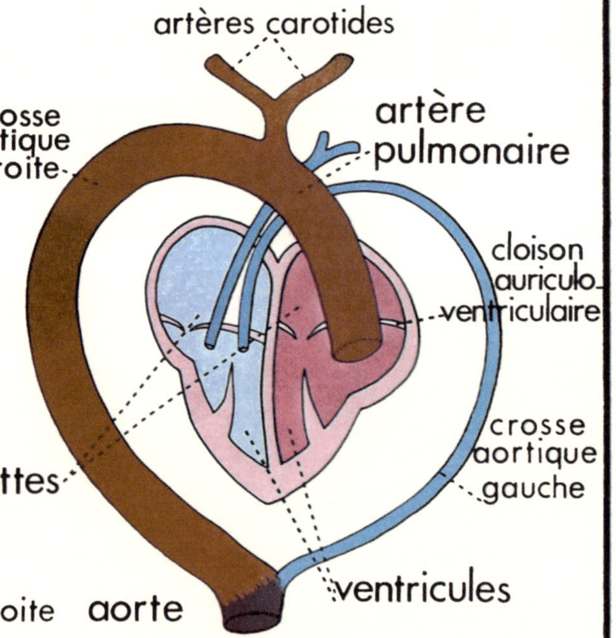

Coupe d'un cœur de reptile (crocodile)

EDITIONS ROSSIGNOL MONTMORILLON - VIENNE - FRANCE

N°6.5

EDITIONS ROSSIGNOL MONTMORILLON - VIENNE - FRANCE

LE VAUTOUR

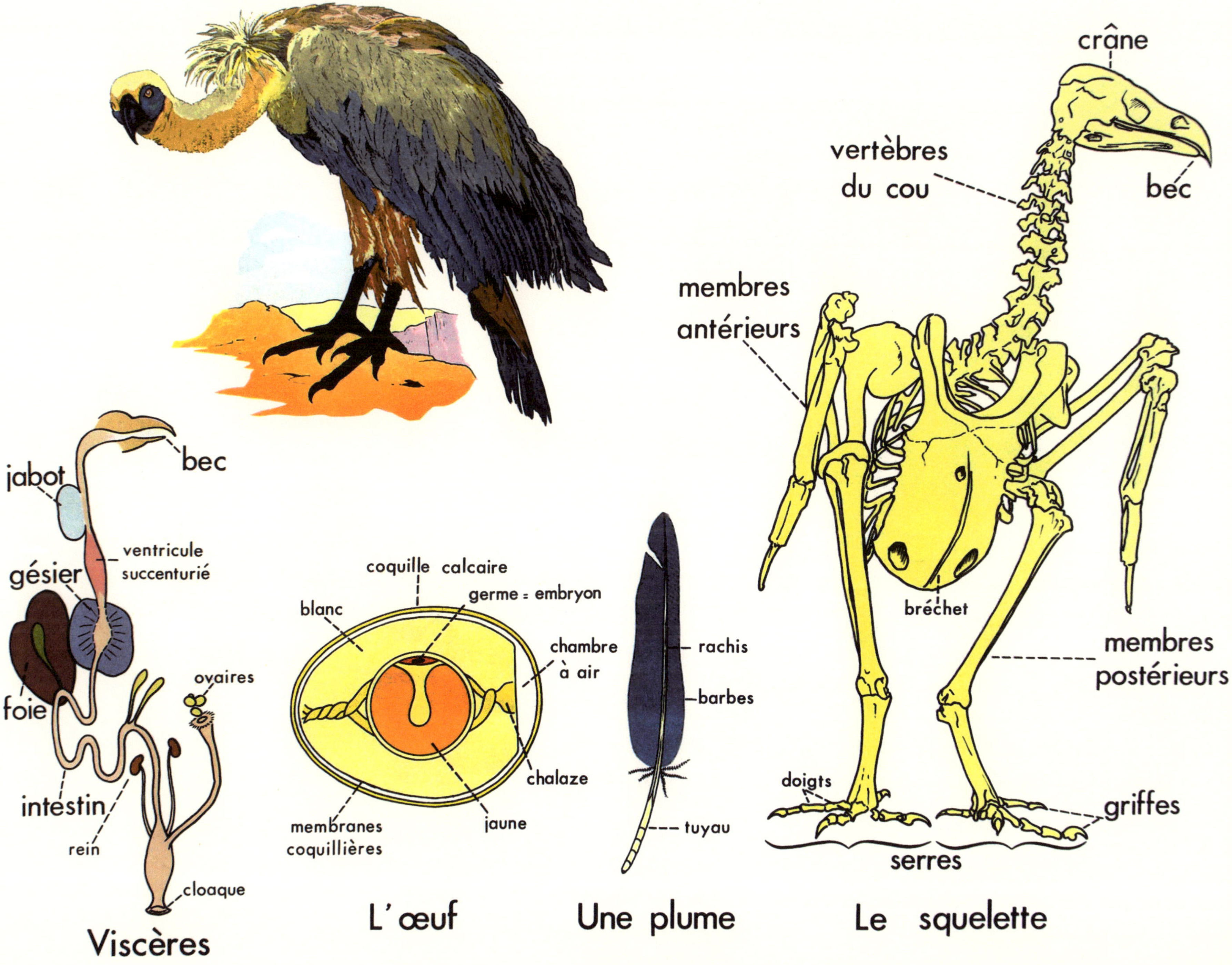

N° 6

un mot, les yeux écarquillés, tandis que je leur montrais les soldats, les ouvriers, les termites ailés. Lorsque la baguette a dégagé les abords de la loge royale, c'est un peu comme si nous nous étions approchés de la chambre funéraire d'un pharaon… Elle ne bougeait pas, alourdie par son abdomen gonflé tandis que le roi s'agitait près du couvain et de centaines de larves formant une masse grouillante. Je n'avais presque rien à dire : ils avaient tous en tête les affiches apposées sur les murs de leur classe et se souvenaient des légendes inscrites qui prenaient soudain vie devant eux.

Il m'était déjà arrivé de faire des leçons au plus près des choses, comme la dissection de quatre gros capitaines à grosse tête, des poissons assez communs que l'on pêche au large. Les gamins les avaient vidés en identifiant chacun des organes internes avant que nous fassions cuire les bestioles sur un feu de bois, à midi. Après avoir ingurgité la chair ferme, la leçon s'était poursuivie par l'étude du squelette, de la bouche à la pointe de la nageoire de queue en passant par la ceinture pectorale. Ce sont des moments privilégiés pendant lesquels j'ai vraiment eu le sentiment de mon utilité, d'être en accord avec moi-même. La rencontre avec les termites surtout : ils sont moins comestibles, mais leur organisation secrète ajoutait un voile de mystère.

Tu te souviens, bien sûr, de mes grandes tirades à propos des surréalistes et des poèmes de Desnos dont je t'infligeais la lecture…

La girafe et la girouette,
Vent du sud et vent de l'est,
Tendent leur cou vers l'alouette,
Vent du nord et vent de l'ouest.

André Breton et Benjamin Péret viennent de publier un texte à propos d'une autre de nos colonies : "Liberté est un mot vietnamien." Ils y affirment ceci : "Aux hommes qui gardent quelque lucidité et quelque sens de l'honnêteté nous disons : il est faux que l'on puisse défendre la liberté *ici* en imposant la servitude *ailleurs*." Je pense, quant à moi, que Liberté est également un mot malgache.

Ton ami,

Patrick. »

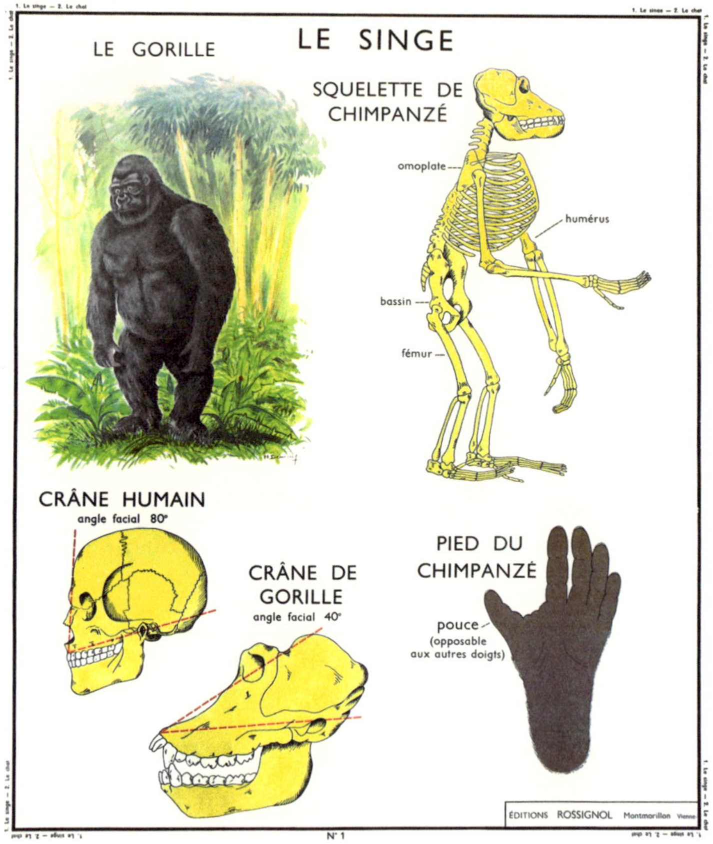

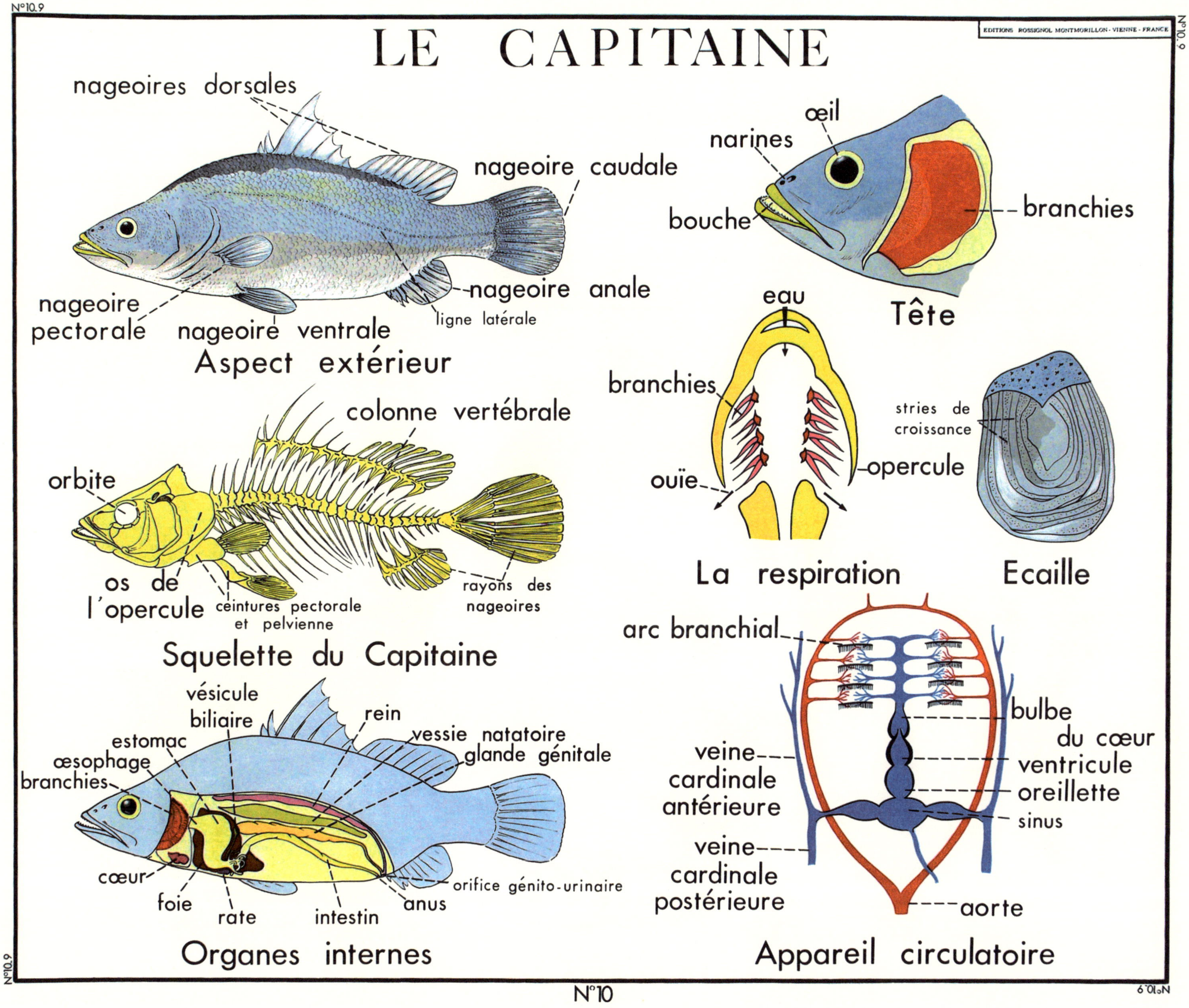
N°10.9
LE CAPITAINE
EDITIONS ROSSIGNOL MONTMORILLON - VIENNE - FRANCE
nageoires dorsales
nageoire caudale
nageoire anale
ligne latérale
nageoire pectorale
nageoire ventrale
Aspect extérieur
œil
narines
bouche
branchies
Tête
colonne vertébrale
orbite
os de l'opercule
ceintures pectorale et pelvienne
rayons des nageoires
Squelette du Capitaine
eau
branchies
ouïe
opercule
La respiration
stries de croissance
Ecaille
vésicule biliaire
rein
vessie natatoire
glande génitale
estomac
œsophage
branchies
cœur
foie
rate
intestin
anus
orifice génito-urinaire
Organes internes
arc branchial
bulbe du cœur
ventricule
oreillette
sinus
veine cardinale antérieure
veine cardinale postérieure
aorte
Appareil circulatoire
N°10

N°4.3
LES ANTILOPES
Grand Koudou
cornes
garrot
arrière-train
Bubale
son empreinte
Cobe de Buffon
dessous du sabot
Antilope cheval
orbite
molaires
Hippotrague noir
crinière
son empreinte
canon
doigt
sabot
pied
ergot
Guib harnaché
son empreinte
EDITIONS ROSSIGNOL MONTMORILLON - VIENNE - FRANCE
N° 4

N°2.1

N° 2

N°2.1

N°2.1

N°2.1

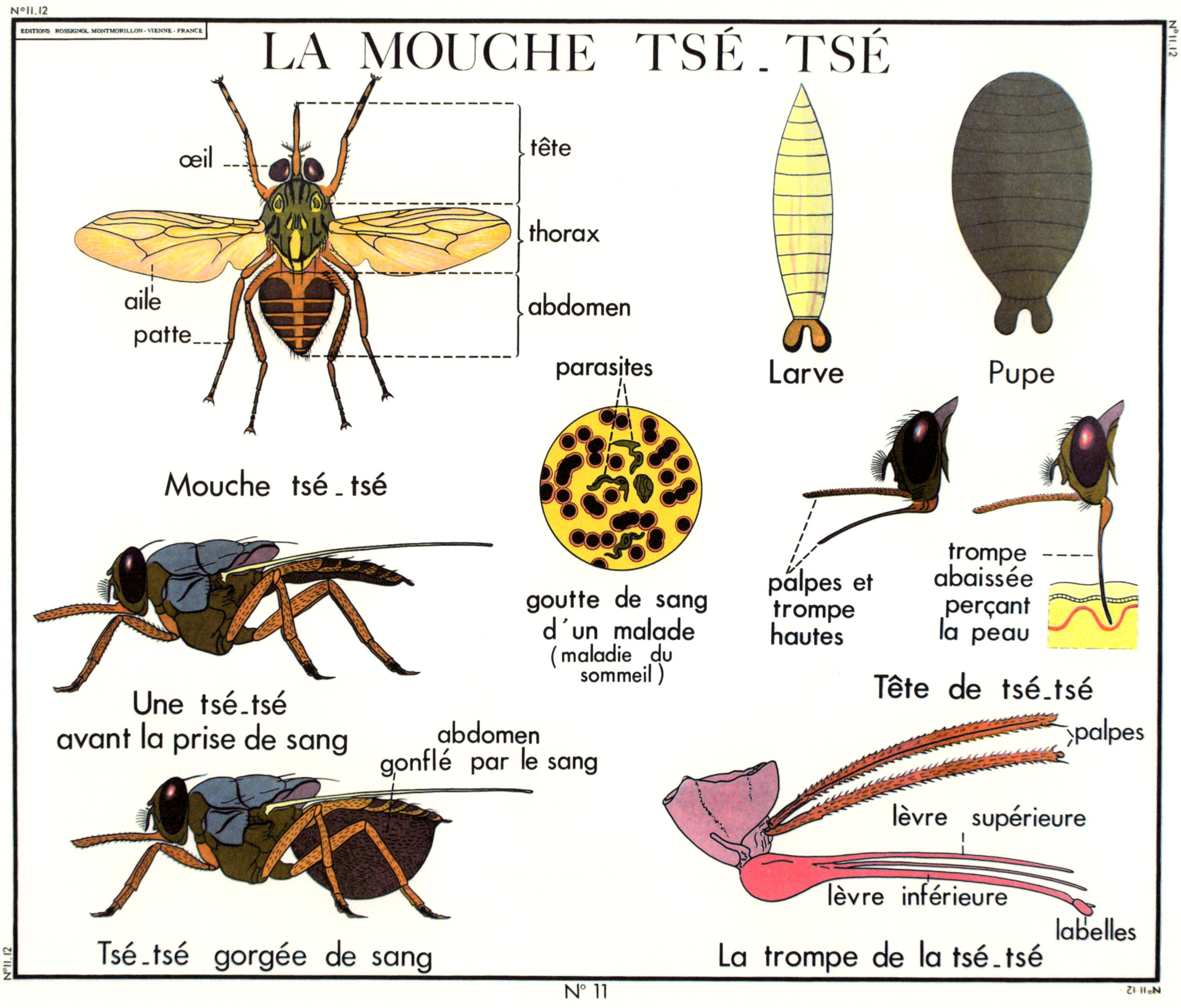
N° 11.12
EDITIONS ROSSIGNOL MONTMORILLON - VIENNE - FRANCE
LA MOUCHE TSÉ - TSÉ
œil
tête
thorax
aile
abdomen
patte
Mouche tsé - tsé
parasites
goutte de sang d'un malade (maladie du sommeil)
Larve
Pupe
palpes et trompe hautes
trompe abaissée perçant la peau
Tête de tsé-tsé
Une tsé-tsé avant la prise de sang
abdomen gonflé par le sang
Tsé-tsé gorgée de sang
palpes
lèvre supérieure
lèvre inférieure
labelles
La trompe de la tsé-tsé
N° 11

N°5.6

EDITIONS ROSSIGNOL-MONTMORILLON-VIENNE-FRANCE

L' ÉLÉPHANT

Un éléphant d'Afrique

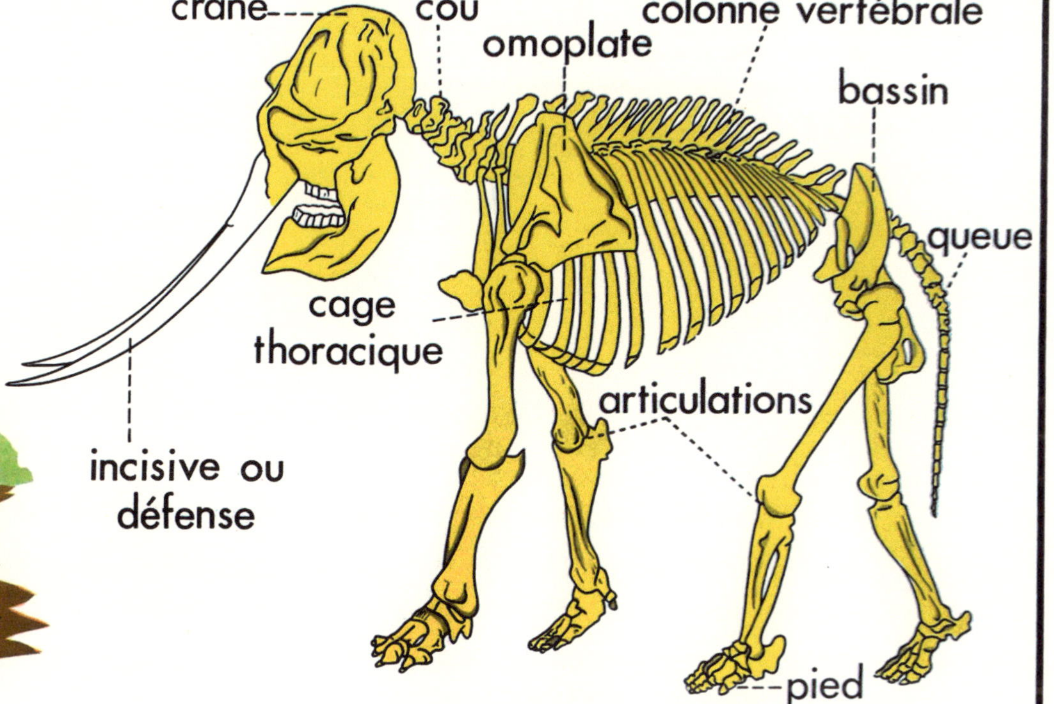

Squelette d'éléphant

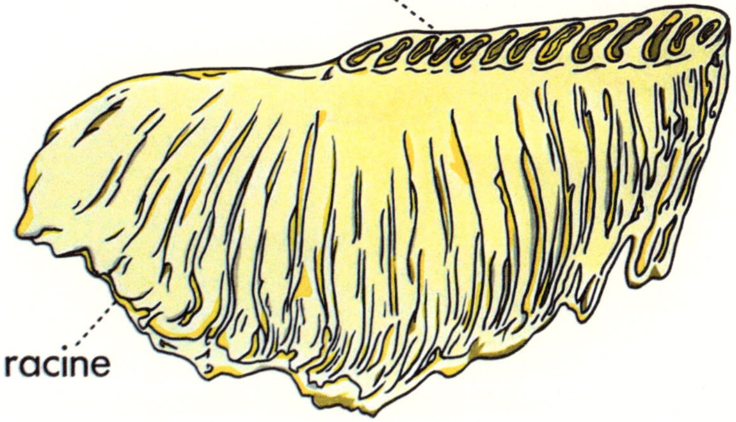

Molaire d'éléphant d'Asie

Incisive d' éléphant

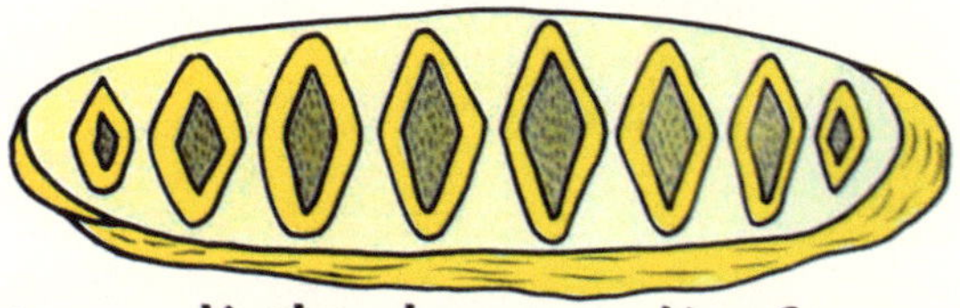

Molaire d'éléphant d'Afrique surface de mastication

N°5

CHAPITRE 9

La coupure de décembre sera la bienvenue : je suis épuisé. Mais la fatigue n'abolit pas la conscience ! Ainsi, ce matin, j'ai été pris de rage en lisant un article intitulé « Domicile insolite » dans un numéro de *L'Écho d'Alger* datant de la semaine dernière. L'auteur s'essayait à l'humour sur un sujet macabre : « Les éboueurs de la place du Gouvernement ont éprouvé quelque surprise en découvrant le cadavre d'un indigène tassé dans une poubelle. L'indigène – émule de Diogène qui, lui, habitait il est vrai un tonneau – y avait élu domicile pour passer la nuit avant de mourir d'un arrêt du cœur. » Cela m'a rappelé la manière dont Albert Camus traitait du même problème, il y a huit ans, après un long reportage en Kabylie, à quelques kilomètres de mon école de Tigali. La colère m'a fait prendre la plume pour recopier son texte et l'envoyer à la rédaction de *L'Écho* : « Je crois pouvoir affirmer que 50 % au moins de la population se nourrissent d'herbe et de racines et attendent pour le reste la charité administrative sous forme de distribution de pain. [...] Par un petit matin, j'ai vu à Tizi-Ouzou des enfants en loques disputer à des chiens kabyles le contenu d'une poubelle. Sur mes questions, un habitant m'a répondu : "C'est tous les matins comme ça." »

J'apprends à mes élèves les subtilités de la culture du raisin, de la fabrication du vin, de la distillation, en leur montrant les images des vignobles de la Métidja, mais je serais bien incapable de leur expliquer pourquoi on produit par millions d'hectolitres une boisson que les habitants du pays ne consomment pas alors qu'ils manquent cruellement du blé dont on fait le pain...

Il pleut à verse depuis le début de la matinée, et de lourds nuages noirs nous arrivent, en provenance de la côte, signe qu'il est vain d'espérer une amélioration dans la journée. Un rayon de soleil se montre en début d'après-midi sous la forme d'une enveloppe enjolivée par un timbre de Nouvelle-Calédonie et Dépendances représentant un couple d'oiseaux kagous. Je profite de la récréation pour prendre connaissance de la lettre de Marie-Joëlle :

La France est aussi un pays puissant. De grands navires tout en fer, portant de gros canons, vont la défendre sur toutes les mers, et son armée a su vaincre, pendant la Grande Guerre, les ennemis les plus terribles. »

Histoire de la France, 1920

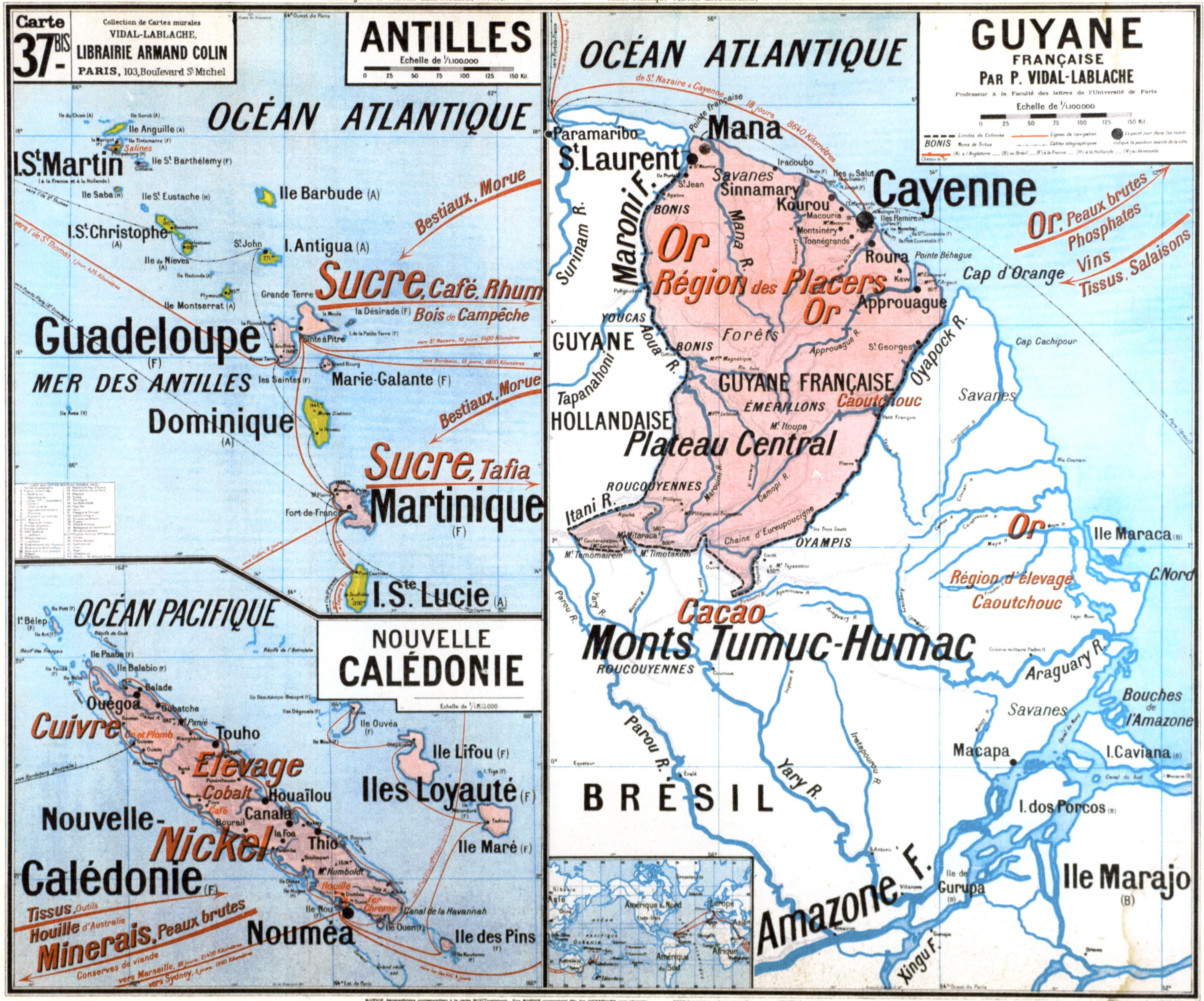
Carte 37 BIS
Collection de Cartes murales VIDAL-LABLACHE, LIBRAIRIE ARMAND COLIN
PARIS, 103, Boulevard St Michel
ANTILLES
Echelle de 1/1.100.000
OCÉAN ATLANTIQUE
I. St Martin
Ile Anguille (A)
Ile St Barthélemy (F)
Ile Saba (H)
Ile St Eustache (H)
Ile Barbude (A)
I. St Christophe (A)
Ile de Nieves (A)
I. Antigua (A)
Ile Montserrat (A)
Bestiaux, Morue
Sucre, Café, Rhum
Bois de Campêche
Grande Terre
la Désirade (F)
Guadeloupe (F)
Pointe à Pitre
MER DES ANTILLES
les Saintes (F)
Marie-Galante (F)
Dominique (A)
Bestiaux, Morue
Sucre, Tafia
Fort-de-France
Martinique (F)
I. Ste Lucie (A)
OCÉAN PACIFIQUE
NOUVELLE CALÉDONIE
Echelle de 1/1.100.000
Ile Balabio (F)
Balade
Ouégoa
Touho
Cuivre
Elevage
Cobalt
Houaïlou
Canala
Nouvelle-
Nickel
Calédonie (F)
Thio
La Foa
Ile Ouvéa (F)
Ile Lifou (F)
Iles Loyauté (F)
Ile Maré (F)
Houille
Fer
Chrome
Canal de la Havannah
Tissus, Outils
Houille d'Australie
Minerais, Peaux brutes
Conserves de viande
Nouméa
Ile Ouen (F)
Ile des Pins (F)
GUYANE FRANÇAISE
Par P. VIDAL-LABLACHE
Professeur à la Faculté des lettres de l'Université de Paris
Echelle de 1/1.100.000
OCÉAN ATLANTIQUE
de St Nazaire à Cayenne 18 jours 8640 Kilomètres
Paramaribo
Mana
St Laurent
Iracoubo
Savanes
Sinnamary
Kourou
Iles du Salut
Cayenne
Macouria
Montsinéry
Tonnégrande
Roura
Pointe Béhague
Kaw
Cap d'Orange
Or, Peaux brutes
Phosphates
Vins
Tissus, Salaisons
Surinam R.
Maroni F.
BONIS
Or
Région des Placers
Or
Approuague
Mana R.
YOUCAS
GUYANE
HOLLANDAISE
Forêts
BONIS
Approuague R.
St Georges
Oyapock R.
Cap Cachipour
Tapanahoni
GUYANE FRANÇAISE
ÉMERILLONS
Caoutchouc
Savanes
Plateau Central
ROUCOUYENNES
Itani R.
Mt Mitaraca
Mt Timotakem
Chaîne d'Eureupoucigne
OYAMPIS
Or
Ile Maraca (B)
C. Nord
Région d'élevage
Caoutchouc
Cacao
Monts Tumuc-Humac
ROUCOUYENNES
Araguary R.
Bouches de l'Amazone
Savanes
Macapa
I. Caviana (B)
Parou R.
Yary R.
BRÉSIL
I. dos Porcos (B)
Ile Marajo (B)
Amazone F.
Gurupa (B)
Xingu F.
Amérique du Nord
Europe
Asie
Afrique
Océanie
Amérique du Sud

« Nouméa, le 14 novembre 1947,

Très cher Roger,

J'espère que ce courrier te trouvera en bonne santé. Cela fait maintenant un an que je suis en poste à Nouméa après quelques mois passés en brousse dans le massif du Nord. Comme tu peux t'en douter, ma première visite, en arrivant dans la capitale de l'archipel, a été pour la modeste maison où Louise Michel, après son incarcération à la presqu'île Ducos, a enseigné aux enfants des communards déportés. C'est avec émotion que je me suis arrêtée devant la bâtisse proche de la place des Cocotiers où, les dimanches, elle apprenait le français et le calcul aux gamins canaques, recueillant également les histoires, les contes, les légendes de ce peuple que la défaite des révolutionnaires de 1871 avait mis sur sa route.

Trois quarts de siècle après son départ, je puis te dire que son exemple n'est toujours pas suivi. Lorsque j'ai été reçue par la hiérarchie, le message a été limpide : "Le but à atteindre est simple : apprendre aux indigènes, par des exercices répétés, à parler et à écrire le français ; leur inspirer du respect et de l'affection pour la France, à l'aide d'exemples bien choisis ; leur donner le goût du travail par un enseignement professionnel approprié à leurs aptitudes et à leurs besoins. Ce but simple, s'adressant à des gens simples, doit être réalisé par des méthodes simples." Nous n'en sommes plus aux directives qui avaient encore cours il y a quelques dizaines d'années selon lesquelles "notre domination sur les indigènes ne sera jamais plus grande et plus sûre que quand ils auront été instruits. On ne dompte jamais entièrement les brutes, et les animaux eux-mêmes sont susceptibles d'éducation et de progrès".

Le Code de l'indigénat qui organisait la vie quotidienne a été supprimé il y a quelques mois par l'Assemblée nationale, mais il impose toujours sa loi, ici, aux antipodes. Le cantonnement des autochtones dans les réserves n'a pas disparu, de même que le travail forcé, la circulation restreinte des individus selon leur origine ou les sévices corporels qu'on appelle ici "l'astiquage". Il suffit que je m'approche d'un élève pris en faute pour qu'il sursaute et se protège le visage de ses bras. L'infériorité

« Le sucre !… Oh ! vous l'aimez le sucre ! Les Noirs en sont friands. Je vous vois déjà sourire agréablement ! Je veux bien vous en donner un petit morceau à chacun, mais avant il faut que je vous dise comment et d'où on extrait le sucre. Dans certaines colonies françaises, à la Martinique, à la Guadeloupe, à La Réunion, on cultive une canne appelée canne à sucre. C'est cette canne qui, une fois écrasée, fournit ce bon sucre que vous aimez tant. »

Livre de lecture et d'instruction à l'usage des élèves des écoles du Soudan, Louis Blanc, 1899

naturelle des Canaques est partout proclamée, et c'est avec surprise que j'ai assisté à un événement singulier lors d'une séance de formation à l'école normale professionnelle de Montravel. Le chef du service de l'enseignement tenait ce type de discours devant notre assemblée quand un ethnologue s'est levé et a posé deux crânes humains sur le bureau.

"Il y a là un crâne canaque et un crâne européen. J'affirme que l'on peut emmagasiner les mêmes choses, les mêmes connaissances dans l'un comme dans l'autre... Et je vous mets au défi de me désigner, là, maintenant, le crâne canaque, le crâne européen..."

Je t'écris trois jours après les cérémonies de commémoration de l'Armistice, un anniversaire qui m'a conduite à évoquer le sacrifice des soldats originaires de cette partie du monde dans le bataillon du Pacifique.

Nous avons chanté :

Ils ont souffert les Niaoulis
Après avoir quitté leur terre
Loin du foyer, loin de leur mère
Longtemps bercés par le roulis
En attendant d'être à la guerre...

L'un de mes élèves m'a alors fait remarquer que, sur le monument qui domine Nouméa, seuls étaient portés les noms des soldats d'origine européenne. Persuadée qu'il se trompait, je lui ai rétorqué que la France honorait pareillement tous ses enfants. Je suis montée au monument, le lendemain, pour constater avec effarement qu'il avait raison et que les Canaques morts pour la France étaient résumés à un chiffre.

Contrairement à ce que je t'avais annoncé dans un courrier précédent, je ne pourrai revenir en France l'été prochain, et il faudra attendre un an de plus pour nous revoir.

D'ici là, je t'adresse mon souvenir le plus amical.

Marie-Joëlle. »

Avec le fruit du palmier on fait une huile rouge, épaisse, qui se vend chère quand elle est bien préparée. Mais les cultivateurs indigènes ne savent pas bien fabriquer l'huile : ils jettent le fruit dans l'eau bouillante, puis ils le retirent, le laissent refroidir et l'écrasent avec leurs pieds. L'huile est sale ; elle n'est pas bonne ; elle se conserve mal ; elle devient acide. »

Ce que produisent nos colonies, A. Jeanneney, 1896

Carte 21
Collection de Cartes murales Parlantes au recto. Muettes au verso.
LIBRAIRIE ARMAND COLIN
PARIS, 103, Boulevard St Michel
OCÉANIE
PAR P. VIDAL-LABLACHE
TERRES GLACÉES
Sibérie
MER DE BÉRING
Territoire d'Alaska (E.U)
AMÉRIQUE DU NORD
Canada
ASIE
Mongolie
DÉSERT DE GOBI
Pékin
Chine
Japon
Yokohama
Chang-hai
KOURO CHIVO
Kamtchatka
Iles Aléoutiennes (E.U)
OCÉAN PACIFIQUE
San-Francisco
Etats-Unis
California
Mexique
Iles Sandwich (E.U.)
Hawaï (E.U.)
Luçon
Manille
Epices
Iles Philippines
Iles Mariannes
Iles Marshall
Iles Carolines
MICRONÉSIE
Iles Gilbert (A)
AMÉRIQUE CENTRALE
CANAL DE PANAMA
ÉQUATEUR
Singapour
Sumatra
Bornéo
Moluques
Célèbes
Nlle Guinée
INDONÉSIE
Djakarta
Java
Café
Iles Salomon (A)
MÉLANÉSIE
Nlles Hébrides
Iles Viti
POLYNÉSIE
Iles Marquises
Iles Samoa
Ile Tahiti (F.)
Iles Tuamotou
AMÉRIQUE DU SUD
AUSTRALIE
Nouvelle-Calédonie (F.)
Nickel
Sydney
Melbourne
Laines
Or
OCÉAN INDIEN
Tasmanie
Nouvelle Zélande
Chili
Valparaiso
CAP HORN
Routes d'Europe en Océanie
FRANCE
Canal de Suez
Détroit de Malacca
Océan Indien
Océan Pacifique
Océan Atlantique
New-York
San Francisco
JAPON
Légende
Abréviations
(A) Anglais
(P) Portugais
(Ch) Chiliens
(EU) États-Unis
(J) Japon
(Eq) Equateur
(F) Union Française
(H) Hollandais
(M) Mexicains
(Aus) Australiens
MER MÉDITERRANÉE
Canal de Suez

129

CHAPITRE 10

« Tigali, 17 octobre 1957,

Chère Marie-Joëlle, chers Patrick, Jean-Pierre et Armand,

Je vous écris avant tout pour vous donner ma nouvelle adresse à Fléac-sur-Seugne en Charente-Maritime. Nous avons décidé d'y retourner avec Jeanne qui attend un enfant. Cela fait plus de dix ans que j'arpente les chemins de Tigali et presque huit qu'elle m'a rejoint. Je croyais pouvoir assurer l'année scolaire qui débute au cœur de ces montagnes que j'ai appris à aimer. J'envisageais même d'y rester jusqu'à la fin de ma carrière. La situation militaire en décide autrement. On m'a proposé un poste à Tahiti que je viens de refuser. Pas un jour ne se passe sans qu'un ratissage ne réponde à un attentat. J'ai reçu copie de la lettre d'un jeune instituteur algérien, Mouloud Feraoun, dans laquelle il décrit les opérations de guerre menées après l'exécution d'un militaire français près d'ici, aux Ouadhias : "Le douar a été ratissé. Dans les autres villages, on a cueilli tous les hommes. Ils ont été enfermés tous ensemble pendant quinze jours. On en a tué 80, fusillés par petits paquets chaque soir. On faisait préparer les tombes à l'avance. Par ailleurs, après ces quinze jours, on a constaté que plus de 100 autres avaient disparu. On suppose qu'ils ont été enfermés dans des gourbis pleins de paille et brûlés. Aucun gourbi, aucune meule ne subsiste dans les champs."

Je pars dans la lueur des incendies, dans les hurlements des martyrs, moi qui étais venu là pour apporter la lumière et la poésie. Je remplis des cartons de souvenirs, et je retrouve au gré du rangement les photos que vous m'avez envoyées, les alignements d'enfants devant les écoles de campagne, les cohortes d'élèves rentrant en classe, les jeux de cours de récréation. Je suis tombé sur un cliché de jeunes croisés posant devant une crique libanaise sans parvenir à me rappeler qui me l'a fait parvenir. Quel uniforme portent-ils aujourd'hui ?

CAMEROUN — RÉCRÉATION A L'ÉCOLE DE DOUALA

« Le froid procure aux écoliers blancs des plaisirs variés. Mais il a aussi une grande utilité. La chaleur constante anémie, affaiblit, altère la santé. Le froid, par contre, redonne de la vigeur à tout le corps. »

Livret de l'écolier Noir, J.-L. Monod, 1948

Sur le bateau qui m'emportera de l'autre côté de la Méditerranée, je lirai une nouvelle fois le petit livre d'Aimé Césaire, ce surréaliste martiniquais que tu m'as fait parvenir, cher Patrick, celui où il écrit :

"On me lance à la tête des faits, des statistiques, des kilométrages de routes, de canaux, de chemins de fer.

Moi, je parle de milliers d'hommes sacrifiés au Congo-Océan. Je parle de ceux qui, à l'heure où j'écris, sont en train de creuser à la main le port d'Abidjan. Je parle de millions d'hommes arrachés à leurs dieux, à leur terre, à leurs habitudes, à leur vie, à la danse, à la sagesse.

Je parle de millions d'hommes à qui on a inculqué savamment la peur, le complexe d'infériorité, le tremblement, l'agenouillement, le désespoir, le larbinisme."

Récemment Jules Romains, de l'Académie française, immortel auteur des *Copains* et de la fresque littéraire *Les Hommes de bonne volonté*, déclarait que "la race noire n'a jamais donné, ne donnera jamais un Einstein, un Stravinsky, un Gershwin".

Je ne suis pas sûr qu'il ferait le poids face à ce monsieur Aimé Césaire, dont je découvre la prose, ou face à l'un de nos collègues en lettres classiques, Léopold Sédar Senghor, qui ne craint pas de proclamer : "J'arracherai tous les rires Banania des murs de France." Pour être franc, je les verrais bien en académiciens, Césaire et Senghor, faisant résonner sous la Coupole les accents des Antilles et d'Afrique noire, imposant leurs rimes à ces Immortels aux oreilles obstruées par des bouchons de vieille cire jaunâtre. Peut-être étudiera-t-on leurs œuvres dans nos écoles, un jour prochain ? Je rêve ? Oui, mais il suffit parfois de rêver pour que les choses arrivent enfin...

Je vous adresse mes amitiés par-delà les mers et les océans.

Roger Arvenel. »

Les populations nègres, particulièrement incapables, semble-t-il, de se gouverner elles-mêmes, livrées à toutes les atrocités d'un fétichisme stupide ou exploitées par l'islamisme corrompteur et cruel, ont tout intérêt à se voir soumises aux peuples chrétiens, qui du moins amélioreront leur sort de la vraie religion. »

Géographie-atlas du cours moyen, les Frères des Écoles chrétiennes, 1900

Légendes

Page 10, en haut : L'école dans le bled. Instituteurs militaires et famille en Algérie.
11, en bas : L'école « Petits Kabyles » en Algérie.
18 : L'école de Halat au Liban.
19 : Prix de la langue française remis par l'Académie française au père Joseph Delore en 1935 au Liban.
19, en bas : L'école sous tente dans une colonie d'Afrique.
30, en haut : L'école supérieure de filles au Dahomey.
30, en bas : L'école primaire de garçons au Dahomey.
31 : L'école de Homs.
42 : L'école de Lehfed au Liban.
43 : Une école de filles.
62 : Leçon d'éducation physique à l'école normale de Rufisque au Sénégal.
63 : Leçon d'éducation physique à l'école normale d'Atakpamé au Togo.
71, à gauche : « L'école est finie » à la mission d'Akonolinga au Cameroun.
71 à droite : Jeunes élèves d'une école de la mission à Madagascar.
72 et 73 : Enseignement agricole à l'école de Kaya.
76 : Une classe à Bamako au Mali.
77, en haut : Mission en Afrique.
77, en bas : Jeunes filles de l'école de Samkita au Gabon.
92, en haut : L'école des enfants de tirailleurs indigènes au Soudan.
92, en bas : À l'école dans les missions en Afrique.
93, en haut : « La popote » à l'école au Gabon.
93, en bas : Visite médicale dans une école de village à Madagascar.
105 : L'école secondaire en Indochine.
106 : L'école des arts appliqués en Indochine.
108 : Édition des écoles annamites, 1931.
110 : Édition des écoles annamites, 1931.
130 : Récréation à l'école de Douala au Cameroun.
131, à droite : Le retour de l'école dans les missions d'Afrique.
133 : Première communion et réception de croisés aux écoles de Faraya en 1934 au Liban.

Bibliographie

Marie Salaün, *L'École indigène : Nouvelle-Calédonie, 1885-1945*, Presses universitaires de Rennes, 2005

Gilles Boyer, Pascal Clerc et Michelle Zancarini-Fournel (dir.), *L'École aux colonies, les colonies à l'école*, ENS éditions, 2013

Gaston Revel et Alexis Sempé, *Un instituteur communiste en Algérie, l'engagement et le combat 1936-1965*, La Louve éditions, 2013

Jean Suret-Canale, *Afrique noire : l'ère coloniale, 1900-1945*, Éditions Sociales, 1982

Jacques Tronchon, *L'Insurrection malgache de 1947*, Karthala, 1986

Alain Ruscio, *Nostalgérie, l'interminable histoire de l'OAS*, La Découverte, 2015

Éric Deroo, Sandrine Lemaire (col.), *L'Illusion coloniale*, Tallandier, 2006

E. Josset, *À travers nos colonies*, Librairie Armand Colin, 1901

Henri Boucau, *Géographie, France et colonies françaises*, Librairie A. Hatier, 1937

Maurice Fallex, André Gibert et René Ozouf, *Géographie, la France et ses colonies*, Librairie Delagrave, 1935

Marguerite Picard, Émile Leroy, *Lectures sur la France d'outre-mer*, Librairie Armand Colin, 1953

Aimé Césaire, *Discours sur le colonialisme*, Éditions Présence africaine, 1955

Crédits

ANOM : pages 6, 7, 44, 45, 47, 48, 49, 62, 63, 72, 73, 106.

Coll. Éric Deroo : 11hd, 36b, 37 g, 99 g, 105.

Coll. Julien Poirret : 12, 13, 16, 17, 21, 68, 69, 113, 125.

Planches Rossignol/collection Philippe Rossignol : 15, 51, 53, 74, 79, 84, 86, 87, 88, 89, 101, 116, 117, 118, 119, 120, 121, 122, 123.

Université Saint-Joseph de Beyrouth : 18, 19 g, 31, 42, 43, 133.

Bibliothèque Diderot de Lyon : 23, 23, 24, 25, 26, 27, 28, 29, 35 g, 41, 94, 95, 108, 109, 110, 111, 126.

Coll. Georges Dessaw : 34, 35d, 36 g, 37d, 103.

Planches MDI : 52, 55, 67, 75, 80, 81, 82, 83, 85.

Musée national de Rouen : 58, 107.

Librairie Istra, 1950/EDICEF (A. Davesne, illus. S. Bouglé, in *Mamadou et Bineta apprennent à lire et à écrire* – Syllabaire) : 96, 97.

L'éditeur remercie : la bibliothèque Diderot de Lyon, Éric Deroo, Pascal Blanchard, Guy Dessaw, Julien Poirret et Guillaume Boyer.

Documents réunis avec le concours de Marie Tranin.

Achevé d'imprimé en octobre 2015
sur les presses d'Indice Arts Gràfiques, Espagne
Imprimé en Union européenne